「十七条の憲法」から読み解く日本文明
（下）

―日本人が創り出した“日本”というシステム―

長谷川七重

幻冬舎ルネッサンス新書
241

はじめに

前著『「十七条の憲法」から読み解く日本文明（上）』では、日本人について考察いたしました。

この書では、その日本人が集団となると、どんな性質の集団になるのかを考察しますが、まず初めに日本文明の正典である「十七条の憲法」を私なりに要約いたします。

●十七条の憲法理論「和を以て貴しとなす」→皆で仲良く暮らすための方法

人間はみんな自由な心をもって生まれてくるので、自然に争いごとが発生する。人間はすぐに党派を作って、党派に分かれて争いを始めてしまう。

これでは、みんなが不幸になる。みんなが安心して暮らせなくなる。

だから、争いはやめて、みんなで仲良く暮らすために努力しよう。

その方法は、意見対立が発生したら話し合い、決まった事は双方が誠実に履行する事だ。

尚、その話合いは「どちらが正しいかで論戦をする」のではなく、「双方が納得できる解決策を見つけるために、知恵を出し合う為に話し合う」と、その後の共生がうまくいく。

●「十七の憲法」が推奨する、《意見対立を乗り越える話合い》

論戦をして、一方が論戦に勝利したとしても、論戦に負けた方が怒りの気持ちを持つと、決まったことを無視したり、わざと破ったりする場合がある。こうして、話合いで決まったことが守られないと、双方に不信感が増して状況は悪化してゆき、結局は意見対立を乗り越えて、みんなで仲良く暮らすという目標が達成できなくなる。

だから、話合いの時には、互いに敵愾心（てきがいしん）ではなく「今後も仲良くした方が良い相手なのだから」と思いやりの気持ちを持ち合って、双方が納得し合い、決まった事は互いに誠実に守れる所に落とし込んでゆくのが、争いの芽を残さぬ話合いだ。

この時は、どちらも譲歩しているはずなので、「バンやむを得ず」とか、「仕方ない」と自らを納得させる必要が出て、どちらも完全には満足しない。しかし、話合いの結果に一方だけが満足して、もう一方が恨みの気持ちを持つと、将来の紛争の種になる事もある。故に、どちらも満足しなくても「双方が納得できる、解決策を見つける」事で、これからも「仲良くできる」ようにすることが、日本式話合いの成果であり、未来の紛争防止方法なのである。

●《意見対立を乗り越える話合い》が、成立する社会の作り方

平和を維持する話合いを成功させるためには、日頃から互いに信頼し合える社会を作っておくことが望ましい。日頃、嫌い合っている人達が、意見対立が発生した時に、いきなり相手に思いやりの気持ちを持って話合いを始めるという事は難しいからである。

この為に、「十七条の憲法」では次の行動を戒めている。

「礼儀を忘れて、乱暴に振舞う」「怒り狂って、怒鳴る」「嫉妬心から、意地悪をする」「自分大事で、他人の悪口を言う」「自分の利得を増やす為に、ずるがしこい行動をする」

このような行動をすると、相手の心の中に「怒り」を呼び覚まし、相手の優しさや思いやりの心を殺してしまい、日頃から仲良く暮らすことができないので、「十七条の憲法」は人々に、日頃から優しい気持ちで人に接して、礼儀正しく親切に振舞い、嘘を言わずに誠実に行動して「相手の敵意を育てないようにする」事を勧めている。

そして、官吏には、清廉潔白で、民衆に対して思いやりをもって、公正な行政をせよと戒めている。つまり、民衆が官吏を信頼して安心して暮らせるように統治をすれば、人々

が互いに思いやりの気持ちを持って暮らせるようになる。そうすれば、意見対立が発生しても争いになる事はなく、みんなで仲良く暮らすことができる。

「十七条の憲法」が発布されてから千四百年余りの間に、この日本では「十七条の憲法を、守らなければならない」という決まりが出来た事はありませんが、無数の日本人が「これは良い教えだ」と自分の意思で実践をしてきたために、いつしか日本社会は「十七条の憲法」が具現化した社会になっています。

日本のマスコミ人や知識人には受けが悪い「玉虫色の解決」というモノは、意見が対立している双方が守れる合意を導き出した結果なのです。そして「玉虫色の解決」だからこそ、双方が決裂して、以後に争いになる事が無いのです。

そして、外国人が日本に来ると、人々が礼儀正しく親切に振舞う事に驚きますが、それも「十七条の憲法」が提唱している事なのです。

日本人は嘘を嫌い、ずるがしこさや悪口・意地悪を卑怯な事として軽蔑します。

日本人の政治家も官僚も偶（たま）には汚職もしますが、その額やスケールは外国の政治家の汚職と比べると、アリとクジラ程の違いがあります。つまり、外国の政治家・官僚と比べれば、日本の政治家も官僚も清廉潔白です。

ロシアのプーチン大統領もトルコのエイドリアン大統領も、自分が住まいとする宮殿を造りましたが、日本の首相で御殿を建てられたのは故田中角栄氏位です。その角栄氏も、中国の政治家のように数千億円もの蓄財をすることはとてもできませんでした。

このように、現実として、日本の政治家も官僚も（外国と比較すれば）清廉潔白です。だから日本人は、自由に日本の政治家と官僚の悪口を言いますが、（多分）外国人よりは政治家を信頼しているような気がします。この為にコロナ禍が起きて「外出しないで下さい」と政治家にお願いされれば、仕方がないと思って外出をやめたりするのです。

日本人の民衆は「自分が贅沢に暮らすために、『国民から富を搾り取ってやろう』という志をもって、政治家や官僚を目指す人はいないだろう」と、安心しています。

だから（うんざりする事はあっても）、**日本人は、政治家や官僚に敵意は抱かないのです。**そして、（自分の気が向けば）**日本人は、政治に協力します。**

このように現実に、現代の日本社会は「十七条の憲法」が具現化した社会でありますので、「十七条の憲法」は日本人の生き方を指し示す正典なのであります。

ただ、「十七条の憲法」は「こうしたらいいよ」と提案して薦めるだけの正典であり、「守らなくてはならない」という決まりではありません。守るも、守らぬも、全く無視するのも、個人の自由です。

ですから、「十七条の憲法」という一つの正典によって、千年以上の間、日本人の生活が導かれていながらも、日本の政治形態は、古代には中央集権国家となり、その後に天皇家と貴族の共同統治社会となり、次に武家統治社会となり、近代にいたって法治国家となったのです。そして今は、民主的法治国家です。

一つの正典の精神で生活を営みながら、政治形態だけはコロコロ変わるとは不思議な気がしますが、それでも日本はその方式でやってきました。

これは「十七条の憲法」が「皆で仲良く暮らせるように、一人一人がこうしよう」という呼びかけであり、「日本をこのように統治しなさい」とか、「日本人はこんな集団になりなさい」という事柄は一切記述されていないからです。

この為に日本人は「十七条の憲法」の精神をもって、その時々の現実に合わせて、みんなで話し合って政治形態を決めながら、時を歩んできたのです。

●「十七条の憲法」の、他文明の正典との違い

「十七条の憲法」は、提案しているだけの正典です。つまり《教え》だけの正典です。

これに対して、キリスト教の聖書は《教え》と《戒律》があります。そして聖書を解読して、一般大衆を統制する《教会》があります。

即ち、《教え》と《戒律》と戒律を守らせる《教会》があります。

《教会》という信仰の中心があるから、キリスト教文明社会では、Aという信者が《戒律》を守っているかいないか、良い信者か悪い信者か、またはキリスト教に対する敵か味方かを判断して、《教会》が社会を統率する形態が成立しました。

また、中国では儒教の『論語』が、中華文明の正典となっています。この『論語』にも

「十七条の憲法」と同様に《教え》しかありません。

しかし、『論語』の為政第二の一の

> 子曰く、政を為すに徳を以ってす。譬えば北辰のその所に居て、衆星のこれを共うが
> 如し

という教えが、いつしか《中華皇帝＝中国共産党主席》が北極星のように、中華文明の中心になって中国人を統率する形態が成立しました。「《中華皇帝＝中国共産党主席》には、

全員が従う事が正しい」ということになったのです。

●正典の違いによる、各文明の論理構造の違い

「人の心は、自由でままならぬモノ」です。ですから、「隣の人の土地も自分のモノだったらいいいな」などという願望は自然に湧き上がります。心は自分でも完全に制御する事はできません。まして他人の心を思い通りに動かす事など、絶対に不可能な事です。

ですから「人の意見は色々で、人はみんな平等で、物事の正邪は誰にも決められない」という、自然状態の人間社会では、放っておくと自然に争いが起こります。

この為に、人間社会で「万人の万人による闘争」を起こさずに共生する為には、各個人に自分の自由意思を封印させる《地域の統一基準》を採用しないと、その地域の人々は平和に共生する事が出来ません。即ち、各文明圏ではそれぞれの正典を《地域の統一基準》として、文明圏の中での平穏を保っているのです。

結果、正典の持つ性質によって、各文明の論理構造には違いが発生しました。

まず、キリスト教文明社会は《教会》が《教え》を伝えて、みんなで《戒律》を守る社会です。よって、《教え》を信じないで《戒律》を守らないモノには、《教会》から悪のレ

ッテルを貼られて、存在する事が許されなくなります。

ですから「まっとうなキリスト信者だけが善であり、その他はすべて悪である」という「一元論」の論理構造になりました。意見対立では「どちらが善なのか」を《善なる神の代理人＝教会》が裁定して、全員が従う事で平和に共生します。

尚、現在のキリスト教文明社会の裁定者は《法律》ですが、その法律の元になる基本理念は、イエス・キリストの残した言葉であります。

中華文明社会の正典『論語』では、『論語』を学び、徳を身に付けた人を君子とし、『論語』を学ばず徳を持たない民衆を小人と規定して、「君子は正しく、小人は邪である」と規定しています。つまり人間集団を二種類に分ける「正邪二元論」の論理構造の中で、「最高の徳の持ち主である、最高権力者に従う事が正しい」という倫理観を創りました。そして、意見対立が発生した時には、「どちらが正しいか」を《中華皇帝＝中国共産党主席》が裁定して、その裁定には全員が従う事で文明圏の平穏を維持します。

一方日本では、裁定者＝（教会・中華皇帝）を決めた「一元論」や「正邪二元論」の文明と違って、《裁定者》を決めていません。「十七条の憲法」には《教え》しか書かれていないからです。

それでは日本では何をもって、平穏が守られているかといえば、話合いで決まった事は互いに誠実に守ることで、争いの芽を育てないようにしています。つまり日本では、「皆で決めた決まりを破ってはいけない」という一点で、平穏を維持しているのです。

ですから日本では、全員が従わなければならない《絶対善》も、全員が守るべき《絶対正》もありませんが、掟破りはしてはいけないのです。

絶対善も絶対正もない。だから、日本は「多元論」の論理構造です。その上で、皆の意見をすり合わせて決まりを作るのです。（図1〜3）

●《基準》による文明の分類

裁定者がいなくても日本文明の平穏が守られるのは、日本文明下ではみんなで決めた掟破りを許さないからです。

ですから、日本文明では《掟》が基準となります。↓掟破りは絶対悪です。

キリスト教文明では《善》が基準です。↓善人でなければ、悪人と認定されます。

中華文明では《正》が基準です。↓最高権力者に従えば正で、逆らえば悪になります。

図1

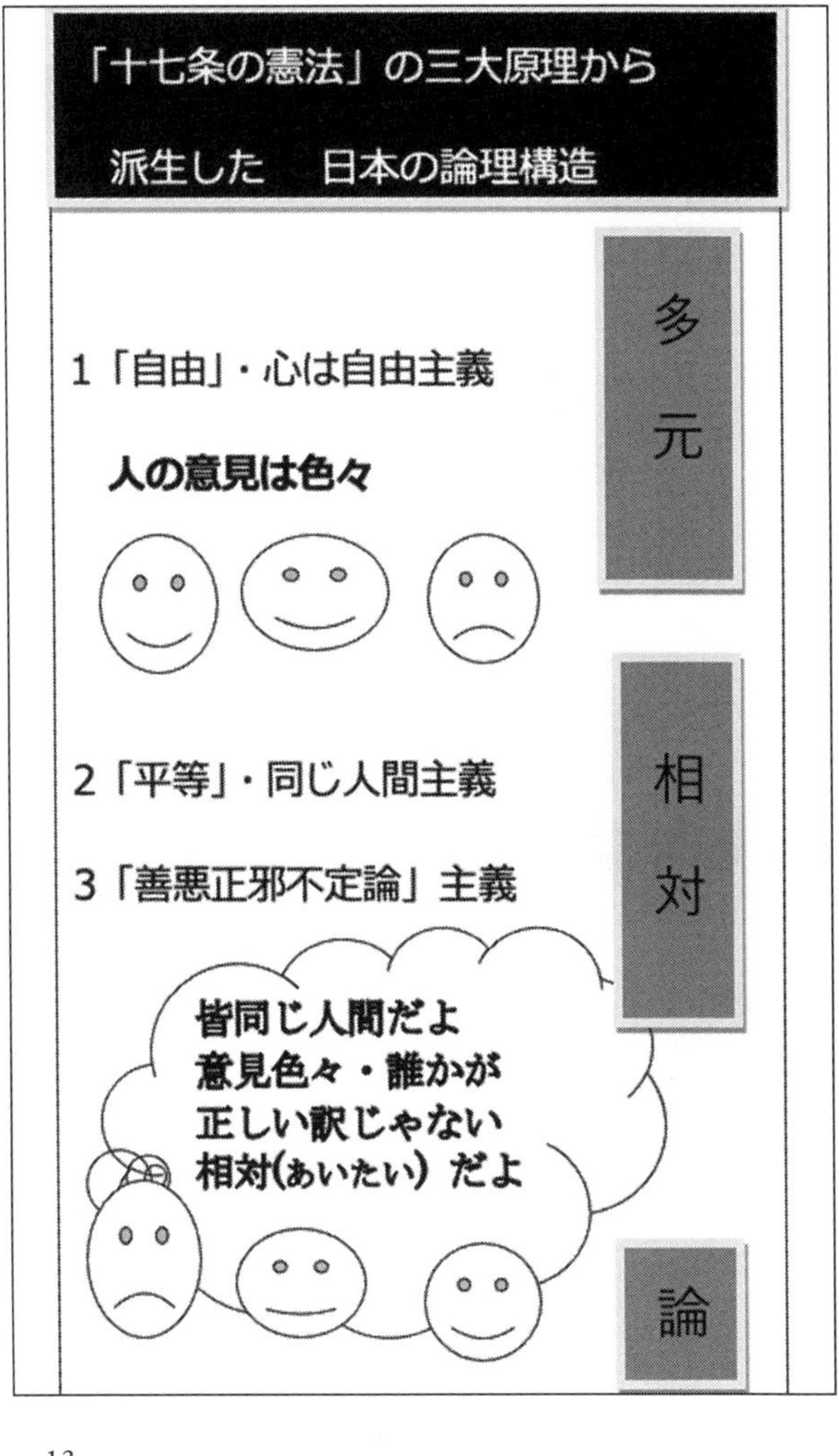
「十七条の憲法」の三大原理から
派生した　日本の論理構造
多元
1「自由」・心は自由主義
人の意見は色々
相対
2「平等」・同じ人間主義
3「善悪正邪不定論」主義
皆同じ人間だよ
意見色々・誰かが
正しい訳じゃない
相対(あいたい) だよ
論

図2

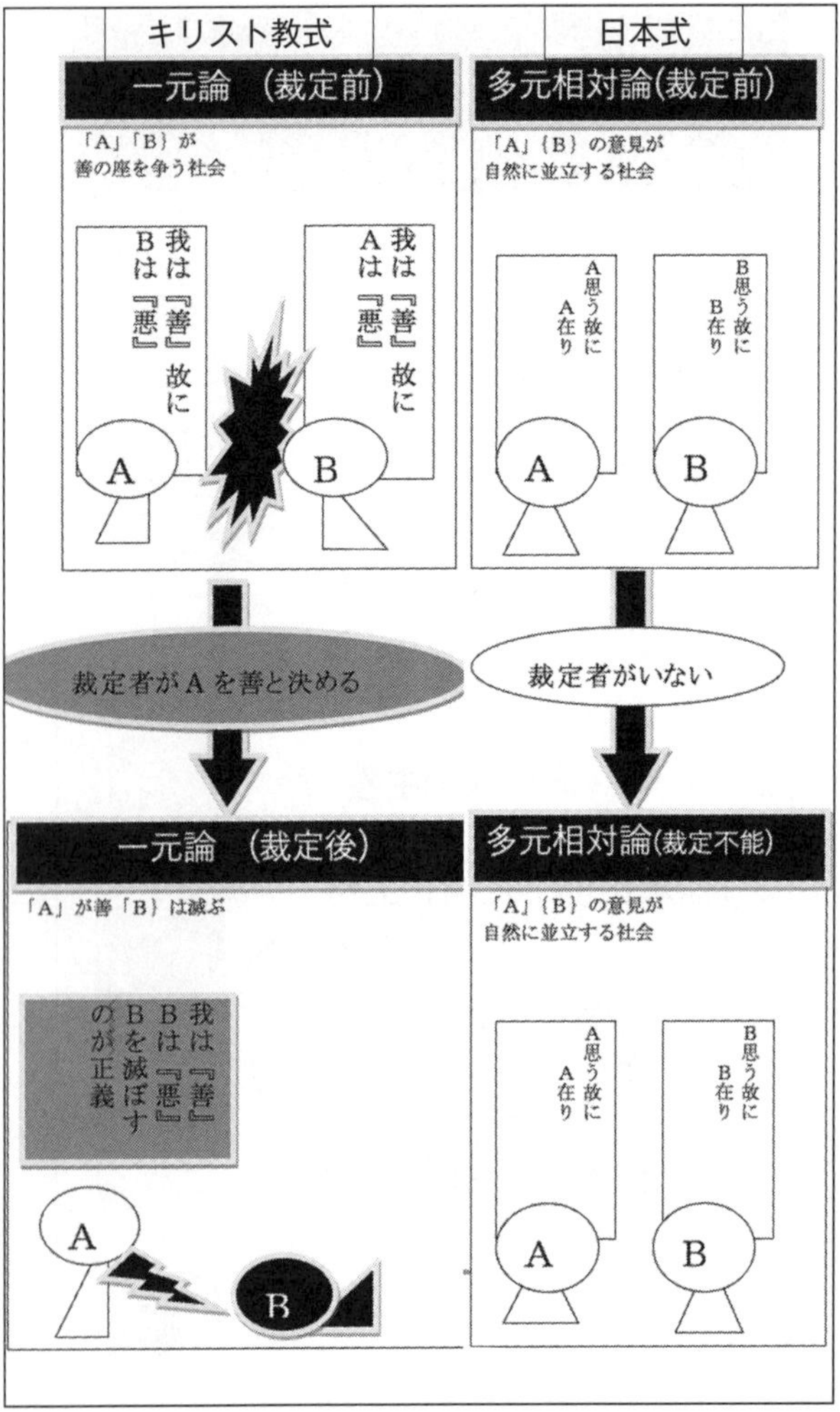

キリスト教式
日本式
一元論　(裁定前)
「A」「B}が
善の座を争う社会
我は『善』故に
Bは『悪』
我は『善』故に
Aは『悪』
A
B
多元相対論(裁定前)
「A」{B}の意見が
自然に並立する社会
A思う故に
A在り
B思う故に
B在り
A
B
裁定者がAを善と決める
裁定者がいない
一元論　(裁定後)
「A」が善「B}は滅ぶ
我は『善』
Bは『悪』
Bを滅ぼす
のが正義
A
B
多元相対論(裁定不能)
「A」{B}の意見が
自然に並立する社会
A思う故に
A在り
B思う故に
B在り
A
B

図3

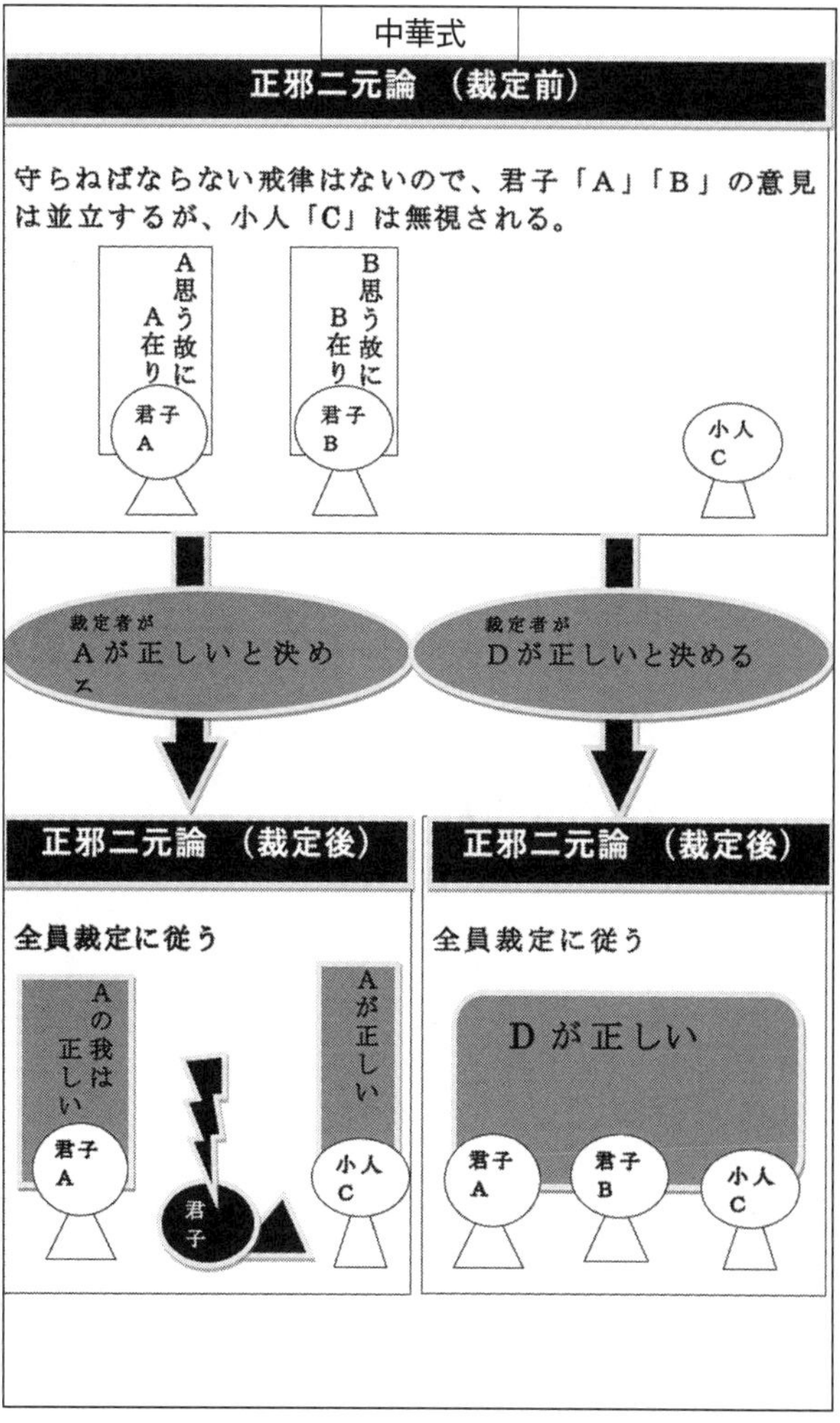
中華式
正邪二元論（裁定前）
守らねばならない戒律はないので、君子「A」「B」の意見は並立するが、小人「C」は無視される。
A思う故にA在り
君子A
B思う故にB在り
君子B
小人C
裁定者が
Aが正しいと決める
裁定者が
Dが正しいと決める
正邪二元論（裁定後）
全員裁定に従う
Aの我は正しい
君子A
君子
Aが正しい
小人C
正邪二元論（裁定後）
全員裁定に従う
Dが正しい
君子A
君子B
小人C

日本文明は「掟破りをしてはいけないけれど、後は何をしても良い」です。
中華文明は「最高権力者に逆らってはいけないけれど、後は何をしても良い」です。
キリスト教文明は「善なる行為以外は、してはいけない」です。
即ち、日本文明と中華文明は「**これだけはするな**」という文明です。
一方、キリスト教文明は「**これ以外はしてはいけない**」という文明です。

ただ世界の文明の中で日本文明だけが、掟破りを絶対悪としていても、掟破りをした人間をそのまま悪人とは認定しません。掟破りは抹殺とは直結しません。だから生存権は認めるが、仲間はずれにするという「村八分」という制裁が生まれたのです。

一方キリスト教文明と中華文明では、悪人に認定された人物は抹殺する事で正義がなされると認識します。この二つの文明では殺すか追放なので「村八分」はありません。

即ち日本文明は、掟破りをしてはいけないが、掟破りをしても殺されないという、最も自由な文明です。しかし自由であるからこそ、自由でも争いごとが起こらないように**各自で自制し合う必要**を生じます。各自で自制せずに民間同士で武器を持って争い合えば、政治権力が争いを止める為に武力行使をしなくてはならなくなるからです。

逆からいえば、民間同士で自制し合って争いごとを起こさなければ、政治権力も武器を取る必要はなくなるのです。つまり政治権力が武器を取らざるを得ない状態にしないように自制する事で、結果として日本人は自分自身の自由を確保しています。

しかしその自制を束縛と捉えると、本来は自由な空間にいるのに自由を感じることができなくなります。私は前著で、日本人が、自分の感情・意見を抑えようとするのは周囲と争わないためだと理解すれば、自分を抑えるべき時か、自分の意見を言うべき時かを、自分で判断する事ができると申し述べました。そうすることで、**自分の意見や感情を露にしてはいけないという《強迫観念から解放》されて、すでにここにある自由を満喫できるか**らです。

このように**日本文明そのものが、自由な心のままで人間が平穏に共生してゆくためのシステム**であり、「十七条の憲法」の公布から千四百年をして、日本人はこの日本というシステムを起動させて、国内においては平穏な社会を築いています。

基本的に日本は、自分の責任で「人に迷惑をかけない」「政府にも迷惑をかけない」ように行動して、それ以外では、自由奔放に思考して行動する個人主義者の国です。(図4、5)

図4

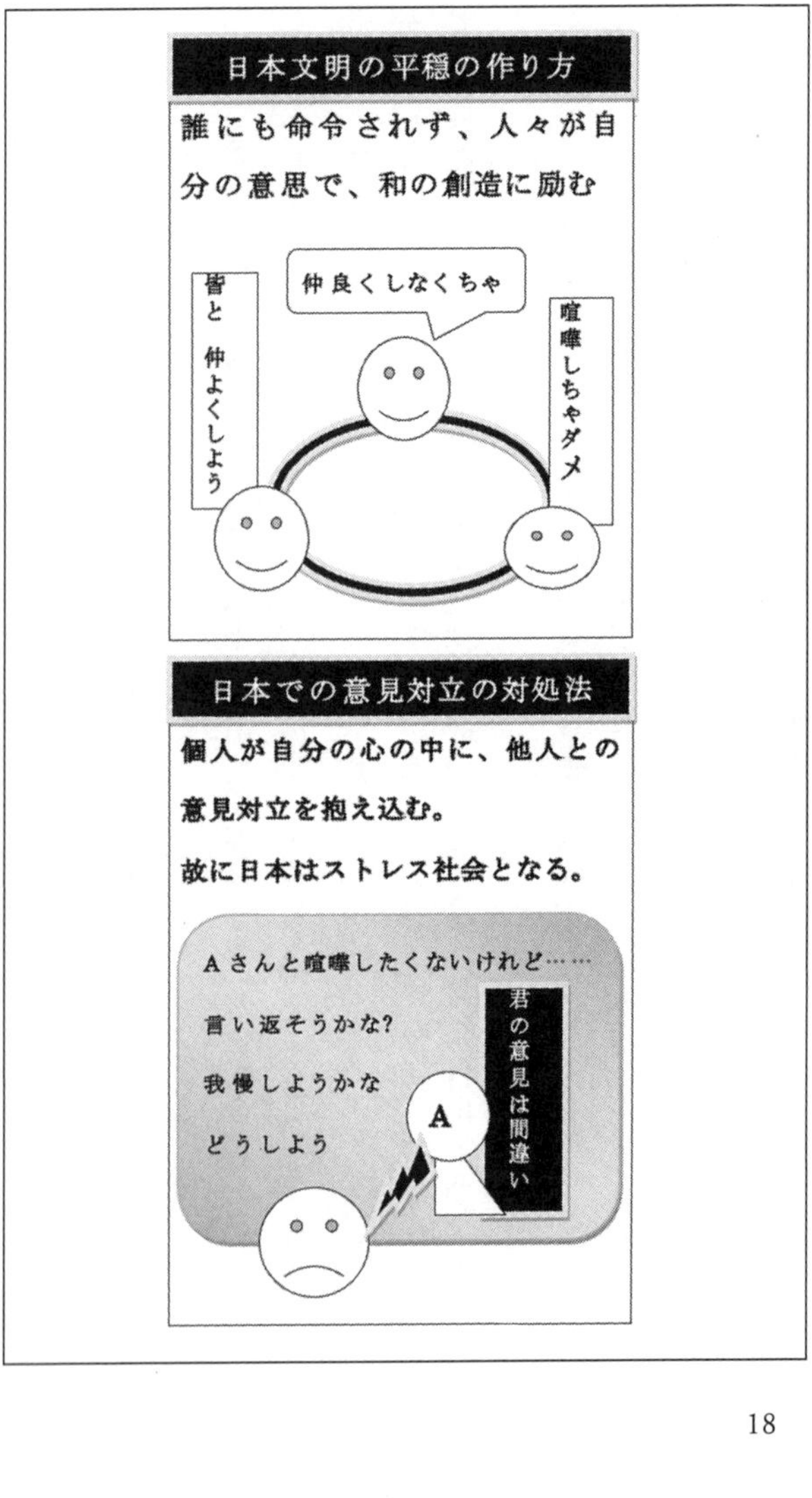
日本文明の平穏の作り方
誰にも命令されず、人々が自分の意思で、和の創造に励む
仲良くしなくちゃ
皆と 仲よくしよう
喧嘩しちゃダメ
日本での意見対立の対処法
個人が自分の心の中に、他人との意見対立を抱え込む。
故に日本はストレス社会となる。
Aさんと喧嘩したくないけれど……
言い返そうかな?
我慢しようかな
どうしよう
A
君の意見は間違い

図5

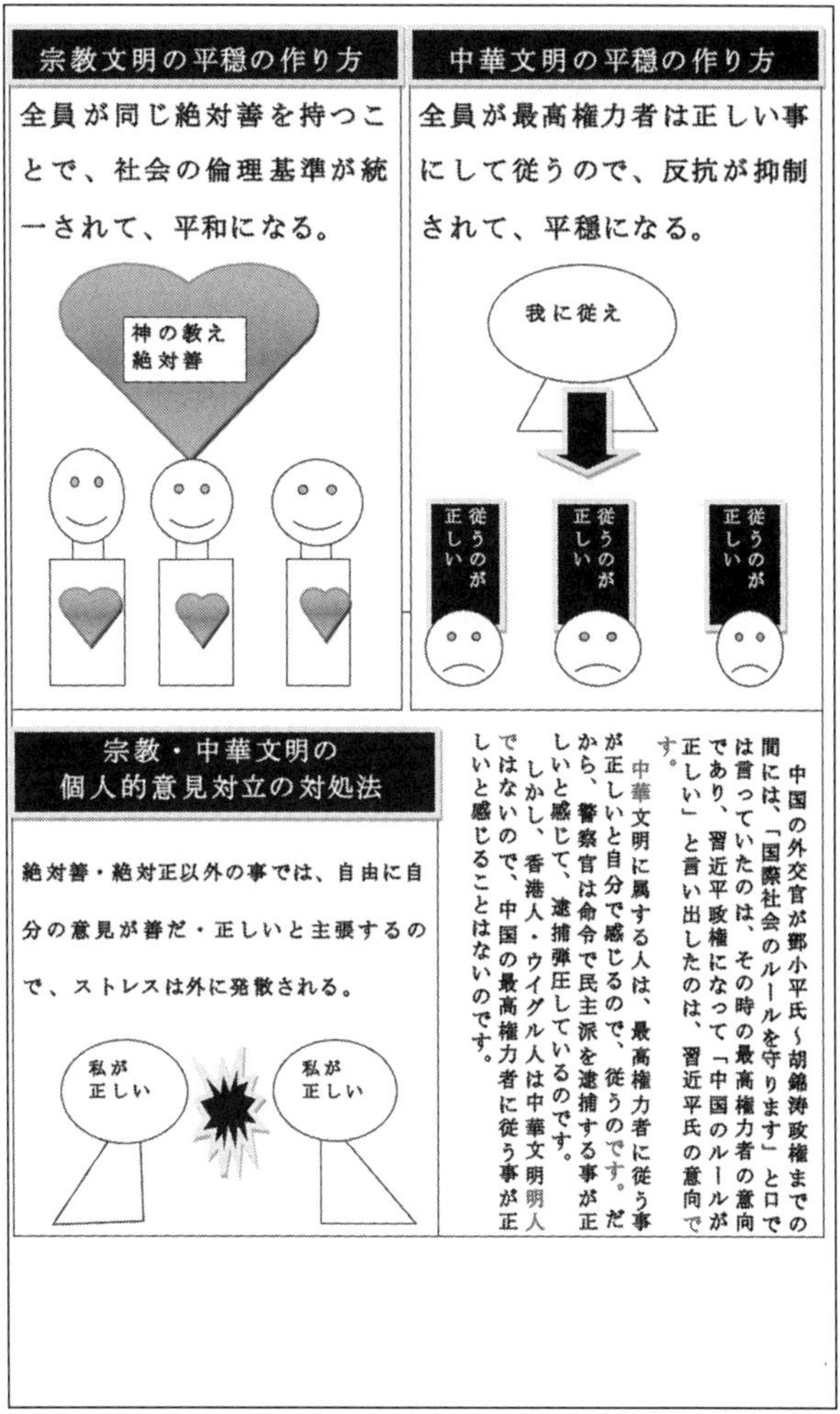
宗教文明の平穏の作り方
全員が同じ絶対善を持つことで、社会の倫理基準が統一されて、平和になる。
神の教え
絶対善
中華文明の平穏の作り方
全員が最高権力者は正しい事にして従うので、反抗が抑制されて、平穏になる。
我に従え
従うのが正しい
従うのが正しい
従うのが正しい
宗教・中華文明の
個人的意見対立の対処法
絶対善・絶対正以外の事では、自由に自分の意見が善だ・正しいと主張するので、ストレスは外に発散される。
私が正しい
私が正しい
中国の外交官が鄧小平氏～胡錦濤政権までの間には、「国際社会のルールを守ります」と口では言っていたのは、その時の最高権力者の意向であり、習近平政権になって「中国のルールが正しい」と言い出したのは、習近平氏の意向です。
中華文明に属する人は、最高権力者に従う事が正しいと自分で感じるので、従うのです。だから、警察官は命令で民主派を逮捕する事が正しいと感じて、逮捕弾圧しているのです。
しかし、香港人・ウイグル人は中華文明明人ではないので、中国の最高権力者に従う事が正しいと感じることはないのです。

●日本は、外交は苦手

このように、日本文明の在り方は、キリスト教文明とも中華文明とも違います。しかし多くの日本人が、外国人も自分達と同じように感じると勘違いしているので、日本は外国と付き合う時に、日本的な普通の対応をした時に、外国人から見ると異様な対応にしか見えない事をしてしまうので誤解される事が少なくありません。

例えば日本文明では《掟破り》は絶対悪なので、日本人は、その他の文明の人達も《決まりを破る》事は悪い事だと思っていると、誤解しています。

二〇一九年の年頭に安倍首相（当時）が「国際社会は、ルールを守る国と守らない国に二分された」と述べたのは、安倍氏が日本文明の精神で物事を見ているからです。また、多くの日本人がこの言葉に共感するのも、日本人だからです。

日本人は、国際法は守られるべきだと考えます。

そして、国際法を守らない国は《悪い国》だと認識してしまいます。

確かに、国際的ルールを守らない事が良い事だ、と公言する人はいません。

近頃米国が中国を見限ったのも、中国が「ルールを守ります」と明言し、自分に有利な約束は相手に守れと強要し、自分に不利な約束は破りながら「守っている」と臆面もなく強弁するからです。

しかし、「国際法・条約を破れば名誉を失墜する」とまで考える国は日本一国で、それ以外の国は（必ずしも）国際法に縛られないという感覚をもっています。

その理由は、日本以外の国は文明の根幹をなす《基準》を持っていますので、《基準》と国際法を秤にかければ、《基準》が選ばれるからです。《基準》の前では法律も約束も無力です。国際法だ、約束だと騒ぎ立てても、その国の人達の気に障るだけです。

キリスト教徒やイスラム教徒が、《神》と国際法のどちらを選ぶかは考えるまでもありません。

例えば、中国では共産党主席が「キリスト教会を壊せ」と命じれば、教会は壊されます。主席の命令は《正しい》ので中華文明圏では当然です。しかし、キリスト教徒にとっては、教会を壊すのは《絶対悪》です。

中華文明圏では、共産党主席には、全員が服従する事が《正しい》のです。

一方、キリスト教文明圏では、神は《絶対善》＝至高の存在であります。

互いに「絶対に譲れない一線」があるから、文明は分立して衝突をするのです。

そして「絶対に譲れない一線」にかかわることでは、彼らは、嘘をつき、約束を破ります。この時には、「嘘をつき、約束を破ることが、彼らの正義になる」からです。

日露戦争の時の借入金の返済を、第二次世界大戦中に、敵性国家の金融機関に返済し続けた日本人は、この敵との約束も破らなかった行為を名誉にしています。

しかし、他国の人から見れば異常です。外国人にとって法律とは、自分の理想の社会を創るために（自分が有利になるように）人の行動を変えるための「道具」です。彼らにとって法律・ルールとは、自分が従うモノではなく他人を従わせる道具です。

この為に、常に（自分を有利にする為に）法改正をしたりルールを変えたりしているのです。

だから、自分が不利になっても、名誉を守る為ならば約束や決まりを守る日本人は、彼らから見れば頭のおかしな集団です。状況に応じて柔軟な対応ができない愚か者です。（韓国人や中国人が日本人をバカにするのは、この為だと思います）

「ルールが欧米人にとっていかなるものか」を顕（あら）わす事例には、冬季スポーツ界におけるヨーロッパ人のルール改正努力があります。

日本のジャンプ陣が世界大会で勝利するようになると、彼らは身長が高い方が有利になるようにジャンプ板の規定を変えました。結果、日本人は勝てなくなりました。

この行為は、日本人の目から見れば美しくない行為です。だから多くの日本人が（口には出さなくても、内心では）欧米人は高潔ではないと侮蔑感を持ちます。しかし、法律やルールを道具として使う欧米人には、当然の行為なのです。彼らに悪気は全くない。彼らにあるのは、単純に「勝利したい」というカラッとした熱意だけです。

ですから　民主主義の形をとって同じ法治主義を採用していても、日本人と欧米キリスト教文明諸国の人達とでは、法・ルールに対する肌感覚が違っているのです。

このように、日本人は「世界の人たちも自分達と同じように感じて、同じように考える」と誤解しています。この為に、国際社会での対応に失敗ばかりしています。

世界情勢が平穏であれば、日本が国際舞台で多少の失敗をしても問題はありません。しかし、今はキリスト教文明圏と中華文明圏・イスラム教文明圏との間で軋轢が生じています。さらに、各文明圏の内部でも動揺が広がっています。

ですから最悪の場合には、各文明圏の内と外とで衝突が発生して、世界中が現在のシリアの状態になります。そんなバカなことは起こりえないと日本人は考えるかもしれませんが、古代ローマ帝国も歴代中国王朝も崩壊しました。《基準》の力で維持している文明は《基準》が崩壊すると、あっという間に崩壊するのです。

ですから現在の世界は、文明崩壊・社会崩壊の瀬戸際に入ろうとしています。

それなのに日本人は、全く危機意識をもっていません。

これは、世界の人達は「歴史は繰り返す」と考えるのに、日本人は「歴史は前に進んでいく」と認識するからです。だから日本人は「あのような酷い経験をしたからには、もう世界大戦は起こらない」と確信してしまうのです。

さらに多くの日本人は、日本の社会と世界の社会の違いにも気がついていません。「世界は一家、人類は兄弟、みんな同じ」と誤解しているからです。日本人が自分では世界と同じと思っていても、世界からは「ヘンテコな民族で、薄気味悪い」と思われているのに……、です。

もっとも私は、自分が不利になっても、名誉を守る為に、約束や決まりを守る日本人が、国際社会から「頭のおかしな集団だ」と思われても別に構わないと思います。

というか、絶対に変えてはいけません。なぜなら、この「不利でも決まりを守る」という一点で、日本が滅亡しない国家であり続けていられるからです。

しかし国際社会に対する時には、「外国人が、彼ら自身が不利になる時には約束や決まりを破る」行為を軽蔑したり、または「外国人も、名誉にかけて約束は破らないはずだ」と誤解したりすると国の進路を誤ることもあり得ます。

ですから、日本人が創り出す「日本というシステム」を、きちんと分析した上で、国際社会の中で「日本はどうすればいいか」を考えて実行する事が肝要だと思います。

目次

第一章　個人主義者の国・日本の政府の行動は外国からは変に見える

一　コロナ騒動に見る日本の不思議の解説　その一　日本政府

コロナ禍の初期に、外国のメディアは日本の不思議を二つ報道しました。

まず二〇二〇年四月初め、日本に一回目の緊急事態宣言が出た頃には「なぜ規律正しいはずの日本人が、外出自粛を守らないのか？」と疑問を呈する報道をしました。

（世界から見れば、どうでもいい事のはずなのに）日本人が三月の連休に花見に出かけた事が、外出自粛を守らない日本人の行動として世界中で報じられました。そして、日本の東京の感染者数はニューヨークの一週間前と同じだ↓二週間前と同じだ↓三週間前と同じだ＝「いつかは日本も感染爆発をするはずだ」と報道し続けました。

ところが外国メディアの期待にそむいて、日本・東京は感染爆発までには至りませんでした。すると五月には欧米メディアは、「（日本は）何もかもが間違った対応にもかかわらず、奇妙な成功を収めた」と冷ややかに報じるようになりました。

このように、どうも外国人には奇妙奇天烈に見えるらしいので、日本のコロナ対応を解説しておいた方がいいと思います。

①奇妙奇天烈にしか見えない日本政府のコロナ対策

（①の日本観察は、コロナ第一期、二〇二〇年六月までです）

第一次緊急事態宣言の頃までのコロナ対策に対する日本政府のドタバタぶりを、世界のマスコミは嘲笑し、日本のマスコミは怒りをもって報道しました。私自身は、呆れて見ていました。

菅官房長官（当時）はマスクが不足し始めた二月頃「来月はマスクが六億枚供給できます」と述べましたが、それを聞いた私は「日本人は一億二千六百万人いるのに、一人当たり一ケ月四枚で足りるはずないだろう」とムカッときました。せめて政府にはマスクをかき集めて、医療従事者のマスクを確保して欲しいとイライラしました。「医療従事者が倒れてしまったら、誰が私達を救ってくれるんだ」と不安になったのです。

その上検査は絞る、方針はコロコロ変わる、「一体全体、安倍政権はどうなってしまったんだ?」と驚愕の思いでした。このような政府への不満は、私だけではなかったようで、マスコミも含めて、日本中に政府への不満が充満していて、支持率は急落しました。

二〇二〇年四月二十一日　東京新聞朝刊から引用します。

新型コロナ政府対策ぶれる　減収世帯に三十万円→一人一律十万円

政府は（二〇二〇年四月）七日の閣議で、収入減などの条件付きの三十万円給付を含む緊急経済対策を盛り込んだ補正予算案を決定。十日には総務省が三十万円支給対象世帯の基準を公表したが、直後の世論調査では全国民一律支給を求める声が大多数。三十万円給付は不評だった。

そのため二階俊博・自民党幹事長や山口氏ら与党幹部の強い要望もあり、政府は与党の承認を経て閣議決定した予算案をわずか二週間ほどで組み替える「異例中の異例」（鈴木俊一自民党総務会長）の措置をとらざるを得なかった。

政府はこれまでも新型コロナ対応で、急な方針転換を繰り返してきた。

二月二十五日に策定した対策の基本方針では、全国一律のイベント自粛や学校の臨時休校を求めていなかったが、首相は翌日に全国的イベントの自粛、二日後には休校を相次いで要請した。

緊急事態宣言の対象地域決定には感染者数など科学的データを重視するとしていたが、今月十六日に全都道府県に拡大した際には「大型連休の人の移動を最小化する」（首相）との理由を持ち出した。

自民党の中堅議員は「支持率を気にしているのだろうが、ぶれが激しすぎる。第一次安倍政権の末期に似てきた感じがする」と指摘した。

このように日本政府は、批判を集める対応を取り続けました。

この批判を整理しますと、次の三点に集約します。

●方針をコロコロ変える。
●検査を拡充しない。
●弱腰で、何でも遅い。例えば、中国に対して弱腰で、中国への渡航制限が遅かった。
国民に対して弱腰で、外出制限をかけずにお願いに終始していた。

日本政府の対応は、欧米の政府の素早くはっきりした対応とは対照的でした。欧米諸国は、WHOの非常事態宣言が出ると、即、中国との渡航制限に走り、国内に感染が広がると、早めにロックダウンを決断して国民に外出制限を命令しました。

つまり日本政府の対応は、「どうしたらいいか解らず」右往左往しているようにしか見えませんでした。普通こんな行き当たりバッタリの対応では、失敗しそうです。

しかし、それでも二〇二〇年の日本のコロナ被害は欧米よりはましでした。だから欧米メディアは「(日本は) 何もかもが間違った対応にもかかわらず、奇妙な成功を収めた」という感想をもつのです。確かに、変だという気もします。

ですから、「なぜ、日本政府がこんな対応の仕方をしたのか?」を次に記します。

②なぜ、日本政府はコロナ対策で方針をコロコロ変えたのか?

実を言えば、これは不思議な事でも何でもありません。普段から政治の現場は常にドタバタなのです。ただ、普段はそのドタバタぶりを人目にさらすのはみっともないので、裏でゆっくり時間をかけて (与党内で) 罵詈雑言を浴びせ合っているのです。

日本の基本は、心は自由だけれど、皆で話し合って決めた決まりは、皆で守ることです。

ですから日本人は、どんな問題でも自由な心で「賛成・反対・どちらでもいい」と考えます。この為に政権与党が政権を失いたくなければ、賛成・反対の大きな声だけでなく《声なき自由意思》にも耳を傾けて、日本国民の《語られぬ本音の意見》は、ここに集約しているに違いないと空気を読んで、国のかじ取りをする必要があります。

ところが今回のコロナ対策では、ゆっくり皆で話し合っている時間がないので政府の一存で対策を打ち出しました。

するといつもは舞台裏で政府に意見を言っていた人達が、マスコミと一緒になって「反対だ」「こうした方がいい」とワーワー騒ぎ出すので、政府は右往左往しているように見えたのです。

この中で政府は、政府の一存で簡単に変更できるモノは、反対の声が大きいとすぐ対応を変えました。大体において、金を払えばすむ時は、すぐ払う事にしました。

政府首脳にすれば「(自分の財布から払う訳ではない。どうせ国民の税金なので) 自分が批判されるよりは払った方がいい」と判断したのだろうと思います。「大した事ではないから、皆が良ければそれでいいや」という感じでありましょうか?

つまり普段の日本政府は、十七条の憲法の第一七条の方式で、「意見を集約させてから決定」しています。けれどコロナ対策では、急いだ為に第十条の方式で、反対が強いと「皆の意見を採用する」事で物事を進めたのです。

ですから「なぜ日本政府は方針をコロコロ変えた」のかといえば、「『皆が良ければそれでいいや』といういつものやり方が、人目にさらされて外からも見えた」だけなのです。

お会いした事もないのに断言するのは失礼ですが、安倍前首相は実際に「みんなが良ければそれでいいや」という方だと思います。だからご自身は「憲法改正を絶対に実現したいと思っていたけれど、みんなが嫌だというからできなかった」のだと思います。

●十七条の憲法

●第十七条

物事は、独断で決めてはいけない。必ず皆で論議して決めなさい。小事は、必ずしも皆で議論しなくてもいい。ただ重大な決定を独りですると、判断を誤る可能性がある。決定を通知した後で、反対の声が大きく上がると物事を進めることが難しくなり、場合によっては失敗する。衆議に照らして、賛成反対の意見を集約して、結論を得るならば、物事は成就する。

●第十条（抜粋）

自分が最初これだと思っても、皆の意見を良く聞いて熟考して、多数の人達の意見が集約するならば皆の意見に従って行動しなさい。

●筆者がまとめた「十七条の憲法」の話合い（「はじめに」より）

話合いは「どちらが正しいかで論戦をする」のではなく、「双方が納得できる解決策を見つけるために、知恵を出し合う為に話し合う」と、その後の共生がうまくいくようになる。

だから、話合いの時には、互いに敵愾心ではなく「今後は仲良くした方が良い相手なのだから」と思いやりの気持ちを持ち合って、双方が納得し合い、決まった事は互いに誠実に守れるところに、落とし込んでゆくのが、争いの芽を残さぬ話合いです。

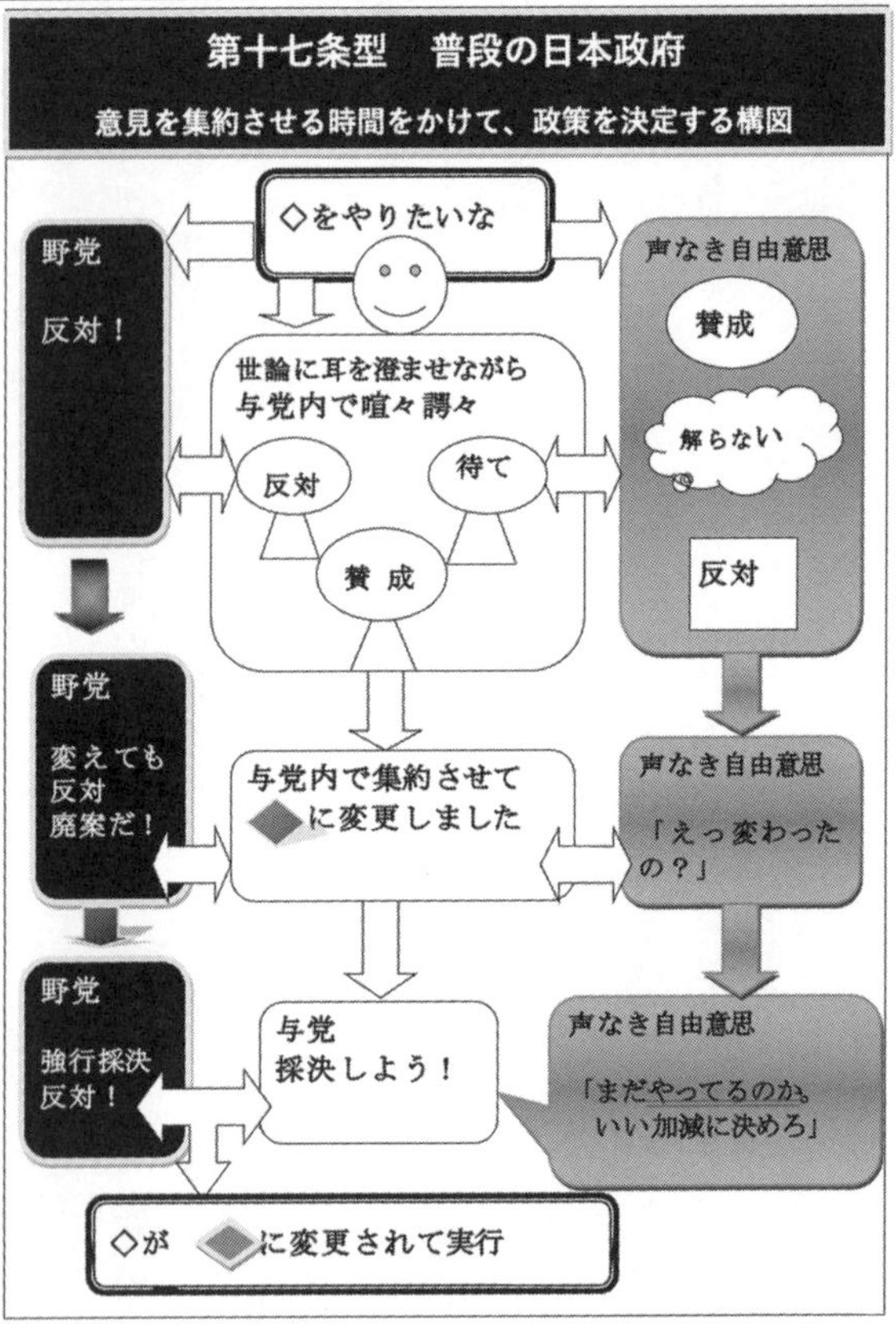
第十七条型　普段の日本政府
意見を集約させる時間をかけて、政策を決定する構図
◇をやりたいな
野党
反対！
声なき自由意思
賛成
解らない
反対
世論に耳を澄ませながら
与党内で喧々諤々
反対
待て
賛 成
野党
変えても
反対
廃案だ！
与党内で集約させて
に変更しました
声なき自由意思
「えっ変わったの？」
野党
強行採決
反対！
与党
採決しよう！
声なき自由意思
「まだやってるのか。
いい加減に決めろ」
◇が　に変更されて実行

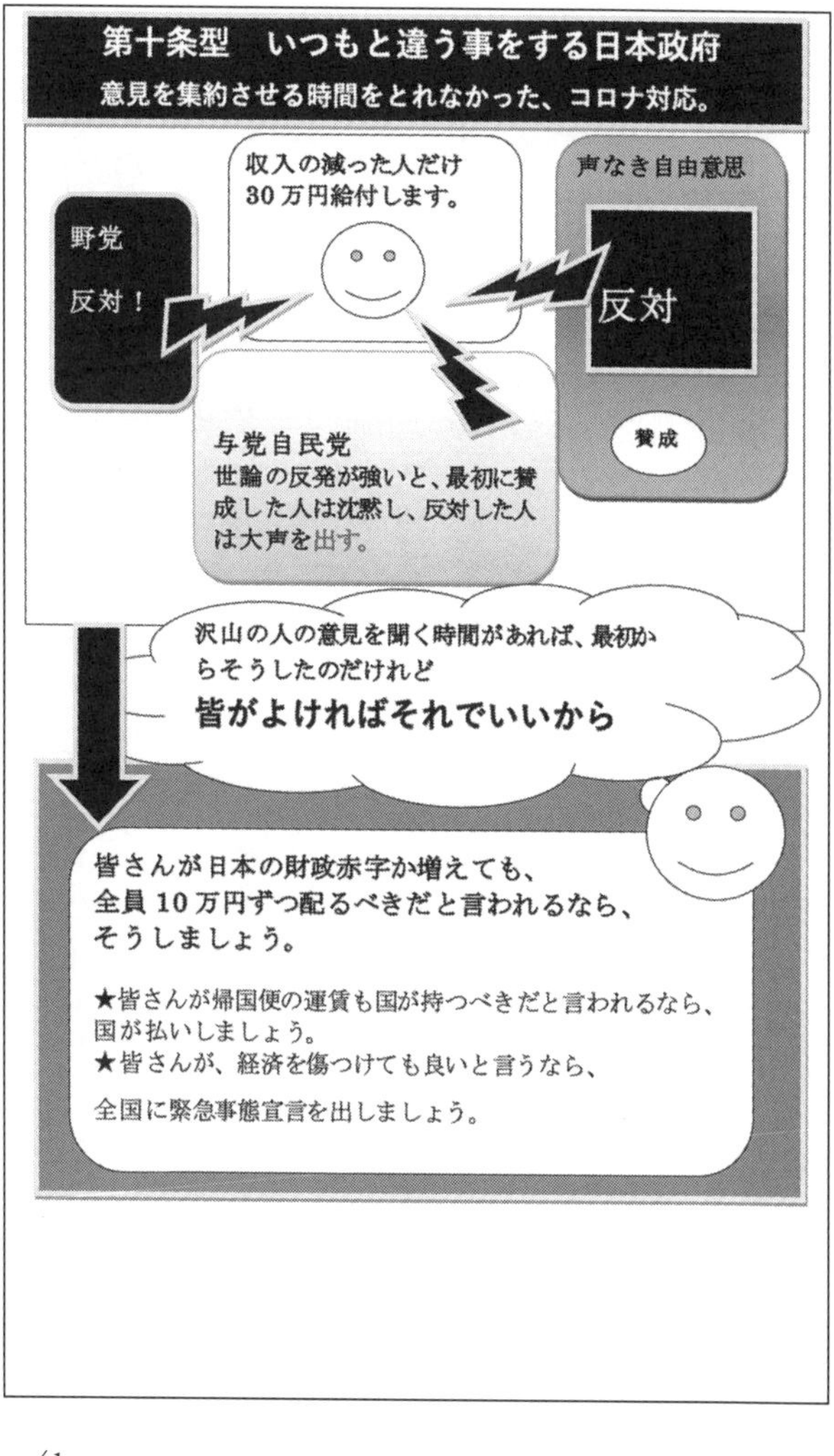
第十条型　いつもと違う事をする日本政府
意見を集約させる時間をとれなかった、コロナ対応。
野党
反対！
収入の減った人だけ
30万円給付します。
声なき自由意思
反対
賛成
与党自民党
世論の反発が強いと、最初に賛成した人は沈黙し、反対した人は大声を出す。
沢山の人の意見を聞く時間があれば、最初からそうしたのだけれど
皆がよければそれでいいから
皆さんが日本の財政赤字か増えても、
全員10万円ずつ配るべきだと言われるなら、
そうしましょう。
★皆さんが帰国便の運賃も国が持つべきだと言われるなら、
国が払いしましょう。
★皆さんが、経済を傷つけても良いと言うなら、
全国に緊急事態宣言を出しましょう。

③なぜ、日本政府は世論の意向に反して検査を拡充しなかったのか？

最初から世論は「希望者全員が、ＰＣＲ検査を受けられるようにして欲しい」と要望していましたが、政府は聞き入れませんでした。

私は、これは「できなかった」からだと思います。検査に人員を集めると、治療する人手が足りなくなるとしたら、人の命を助けるためには「検査を諦める」しかありません。

一方で、検査で陽性者を見つけて隔離しなければ、感染の広がりを止めることはできないので、検査も同時進行しなければなりません。すると、無駄な検査を排除する事が至上命題になります。ですから政府が検査数を絞り続けていたのは、国民に意地悪をしていたのではなく、単に、人員と機器をそろえられなかったからだと思います。

なにしろ「皆さんが望むなら、十万円ずつお配りしましょう」という政府です。本音では「皆さんが望むなら、希望者全員を検査しましょう」と、胸を張って言いたかっただろうと思います。でも、できなかったから、言えなかっただけだと思います。

つまり政府は、「最悪の事態＝医療崩壊だけは避ける」という方針を貫いていたのだと推測します。緊急事態宣言も、「医療崩壊しそうだ」という理由で発令されたので……。

④日本政府は、弱腰で何でも遅い

これは日本が個人主義者の国だからです。日本人は、上からの命令にそのまま従う人達ではないので、日本社会はボトムアップ方式となり、結果として「日本政府は、部下に強く命令できない」ので弱腰になるのです。

例えば「中国に対して弱腰で、中国への渡航制限が遅かった」という批判がありますが、首相の命令一つで空港や警察という組織が動いてくれないと、素早く決然として見えるカッコいいリーダーシップは執れません。

国民が首相の命令にそのまま従わないと、首相が自分の決断を素早く実行に移すことはできません。首相が自分一人でやれることならば、自分で決心して自分で行動を変えればすぐできます。しかし渡航制限も外出禁止の取り締まりも、首相自身がやるわけではありませんので、他人（行政府の部下達）がやってくれないとできないのです。

ですからよそ目に決然として見える、カッコいいリーダーシップに満ちた首相を望むのであれば、首相が「渡航制限しろ」と一声かければ空港職員が一斉にその命令に従うことが必要になります。

しかし日本では、首相が渡航を制限したいと希望した後で、国土交通省と外務省で賛成・

反対、ワイワイガヤガヤ始まって、空港や航空会社に意見を聞いたりしている間に、時間はあっという間に過ぎてしまいます。

また、国民に外出制限を出そうと思えば、「法的に、できるか否か」で内閣法制局や法務省や学者が意見を述べて、実際に「いかにして実行するか」については警察庁と各都道府県の警察本部と「あーだ、こーだ」と話し合わねばなりません。

何分にも国家の事ですので、一つの変更をするには数千人数万人の人達が行動を変えなければなりません。「今度からこうして下さい」と連絡するだけでも大変です。急いでも時間がかかるのは、ある程度は仕方ありません。

ですから「**何でも首相の命令に従うか、弱腰で遅い政府に我慢するか**」の二者択一なのです。「**自分は命令には従わないけれど、素早く決断して実行する首相が欲しい、というのは無理な注文**」です。

無理な注文ですが、自然に心に浮かぶ願望ですので、かなわなければ首相が悪いような気がするのが人情です。真に不思議ですが、物事がうまく運ばないと、多くの人達が、「すべて、首相が悪いような気がする」ようになるのです。

国民各自に十万円を支給する事でも、首相官邸は「市町村に、早く支給してくれ」と思っていました。市町村は「国民に早く支給したい」と頑張っていました。国民は「早く支給してくれ」と待っていました。それでも、思うようには進みません。誰が悪いという訳ではなくて、仕方のない事なのでしょう。

けれどこの時、支給が遅くなっている市町村に「グズ」と批判が集まるのではなく、「市町村は頑張っているのに、政府のサポート体制が足りないから支給が遅れてしまう」という話の流れがマスコミで作られました。

こうして、首相はみんなと同じで「早く国民の手に届け！」と心の底から思ってはいても「遅い！」という批判を引き受ける羽目になったのです。

この為でありましょうか？　コロナ騒動で外国に比較すれば成績が良かった日本の安倍政権が支持率を低下させて、被害の多い欧米では政権支持率が上昇したという現象が起きました。

常識で考えれば、「外出を控えて下さい」と政府からお願いされただけで被害も少なかった日本国民が政府を見限って、「外出したら罰金だ」と命令された上に、被害が多かった外国の国民が政府を支持するのは変だと思うのですが、実際にそうなりました。

この経緯は《PRESIDENT Online ２０２０　４／17（金）配信『日本の安倍政権だけ

が「コロナ危機で支持率低下」という残念さ』によく説明されていますので、抜粋ですが引用させて頂きます。

■死者数が桁違いに多いイタリアやイギリス、アメリカでも支持率上昇

（二〇二〇年の四月頃）支持率が高いのは、コロナ感染拡大を止めた国ばかりではないことがわかる。死者数が桁違いに多いイタリアやイギリス、アメリカでも、リーダーへの支持率は上がっている。

　こうした支持率上昇の背景には「ラリー・ザ・フラッグ効果」がある。これは一九七〇年に政治科学者のジョン・ミューラーが提唱した理論だ。アメリカの歴史において、深刻な危機のたびに政権の支持率が急上昇してきたことから、「国難においては、人々が国旗の下に集結するように、リーダーへの支持が高まる」という結論を導き出した。

　こうした現象は、(1)危機的状況において、国民は極度の不安に陥り→(2)リーダーや政権に自分たちを守ってくれる存在として役割を期待する→(3)愛国的感情が高まる→(4)団結や連帯のシンボルとしてのリーダーの存在感が高まる、といったプロセスをた

どる。…

■安倍政権は「究極のＫＹ」だから支持率低下する

そして今、人類共通の敵に立ち向かうという、真の「国難」にあって、まさにその指導力が問われているが、（安倍首相は）どういうわけか急速に求心力を失っている。狡猾な指導者であれば、この危機を支持率上昇の機会として存分に活用し、人心操作にも成功しているだろうが、現政権があえてそうしないのは、ただ単に「できない」からなのだろうか。…

求められるのは、きめ細かでスピーディーな対策、そして人々の心に寄り添うコミュニケーション力である。ところが、安倍首相はこれらがからっきし苦手だ。…。世界のリーダーは上記のポイントをしっかり実行している。だから、彼らの言葉に多くの人が勇気づけられ、励まされ、涙を流す。そして「この人ならかじ取りを任せられる」と思えるのだ。だから支持率が上がる。

成程。安倍前首相が支持率を落としたのは口下手だったからで、他国の指導者が支持率を上げたのは演説が上手だったからで、これを「旗下集合効果」と言うのだそうです。

しかしコロナは新しい感染症でしたので、どうすればいいのか誰にも解らなかったはずです。テレビで解ったような口を利いていた専門家の人達ですら、本当は知らなかったはずです。専門家は（自分の知識の中にある）別の感染症はこうだったから、コロナは「こうだと思う」「こうしたらいいかもしれない」と仮定の話をしていただけです。

同様に外国の政治家が決然と演説していても、「（本当は解らないけれど）こう決めた」というレベルの話ですが、どうやら外国の現場の人達は「（自分にはどうすればいいか解らないから）首相の命令通りに動こう」と命令に従ってくれるようです。

そして国民は、「（自分ではどうすればいいか全く解らないので）とりあえず政権を信じることにした」ので支持率が上がったというのが、外国の構図だと思います。

一方日本だけが支持率を下げたのは　首相が国民に「彼についていけば安心だ」と感じさせられないからでした。なぜできなかったのかといえば、日本人には、解らないからとりあえず政権を信じる人もいますが、解らなくても「そうじゃない」と大騒ぎする人もいます。政府が「右に行きます」と言った時に、テレビで専門家が「大間違いだ！　左に行くべき」と騒ぎまくれば、国民は「どうすればいいんだよ」と怒り心頭になります。

その上で日本では、実際の仕事をしている仕事師の意見が尊重されます。リーダーシップ型の外国とは違い、日本では普段から《要望が下から上がって、承認を受けて下に戻るボトムアップUターン方式》で物事が動きます。

ですから非常時でも、現場の事情に疎い首相がリーダーシップを発揮しようとすると、現場から「前例がありません」「これの方がいいです」と突き返されます。

日本の現場担当の人達は「初めてのことで、自分にもどうすればいいか解らないから、首相の命令通りに動こう」とは考えてくれないのです。「首相よりもはるかに自分の方がこの現場をよく知っているから、初めてのことでも、自分が考えたやり方で対応した方がいいはずだ」と、大抵の人は自然に考えます。

そして上からの命令が気に食わないと拒否します。なぜなら各現場の担当者の皆さんは、首相よりも誰よりも「自分の方がよく知っている」という矜持を持っています。自分が長年頑張って身に付けた仕事の実力のプライドです。

この矜持ゆえに、最前線で事に当たっている人達は、混乱状態の中でも自分の判断で自分の任務を全力で果たそうと奮闘しています。何が足りなくても手と足を動かして、目の前の事態に対処しています。この人達には文句を言っている時間もないので、世に知られることはありません。と同時に政府の命令に従っている時間もありません。

この為最前線の状況は政府も把握できなくなり、何がどうなっているのかが誰にも解らない混乱状態になるのです。しかし、最前線の人達が全力で対処してくれている内に、時間がたてばいつかは危機も収束します。

結局、「何がどうして、どうなったのか」という全体像は誰にも解らなくても、政府に要望を出しながら、病院で、家庭でそれぞれの仕事場で「こうしよう」→「失敗だ」→「これならいいかな」と挑み続けていく内に、いつかより良い対処法に磨かれていくのが日本のやり方です。

このように初めての事態で「どうすればいいか誰にも解らない」時には、日本の社会はボトムアップ方式なので、みんなで自分の意見を好き勝手に言い合うのでワイワイガヤガヤ騒々しくなりますが、時がたてばなるようになります。

日本政府が弱腰で何でも遅いのは、日本社会がボトムアップ方式で、日本人が命令にそのまま従う人達ではないので、説得したり納得して貰ったりするまでの時間がかかるからです。

このような日本政府の対応は、首相が菅首相に変わっても同じです。

ワクチン接種にしても他の先進国に比べて遅いし、職域接種を募集すればすぐ停止する。東京オリ・パラの対応でも観客二万人と決めたと発表しても、批判が出ればすぐ一万人に変えます。ワイワイガヤガヤ、ドタバタドタバタ「皆さんの宜しいように……」で、大騒ぎです。

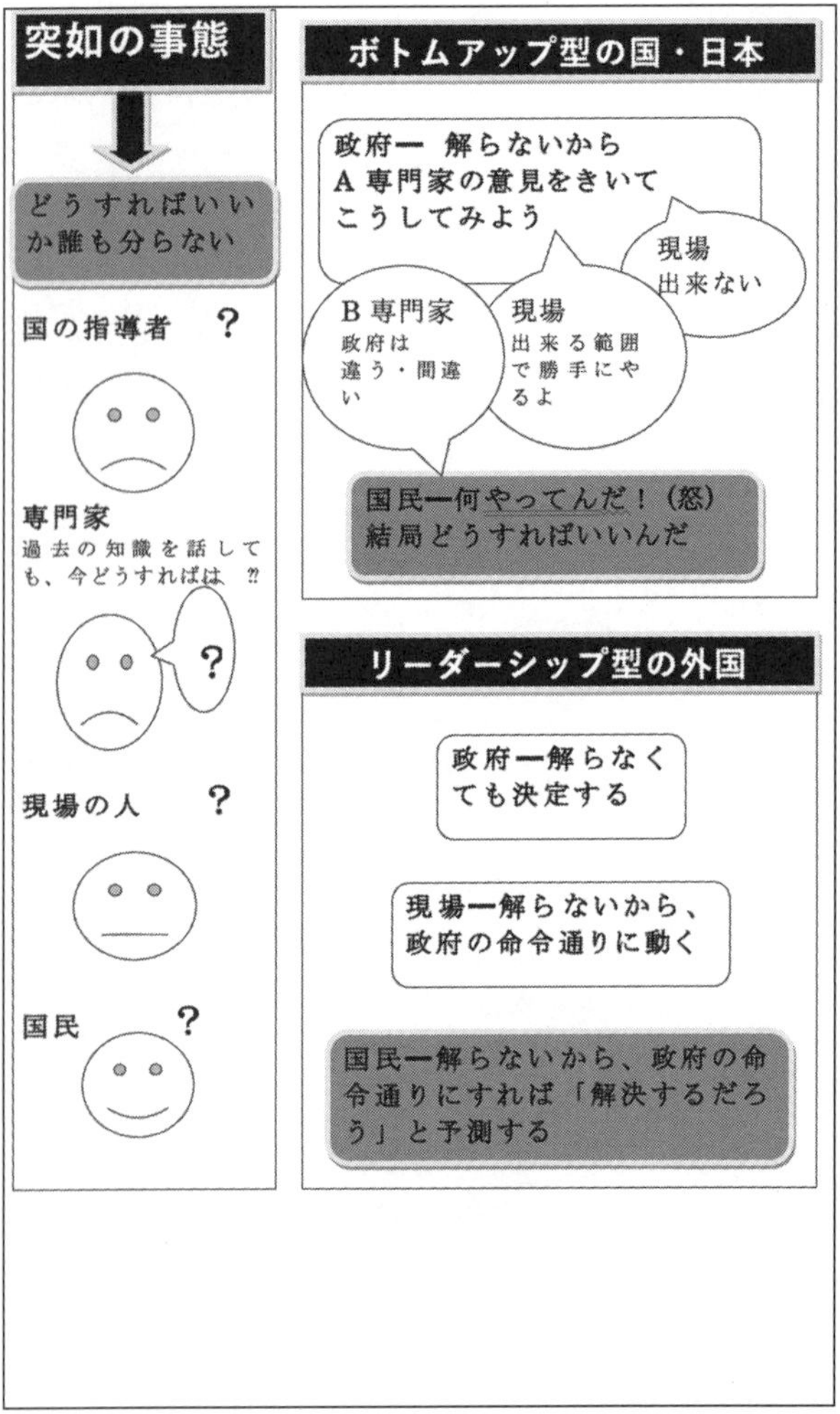
突如の事態
どうすればいいか誰も分らない
国の指導者　？
専門家
過去の知識を話しても、今どうすればは　⁉
？
現場の人　？
国民　？
ボトムアップ型の国・日本
政府ー　解らないから
A専門家の意見をきいて
こうしてみよう
現場
出来ない
B専門家
政府は
違う・間違い
現場
出来る範囲で勝手にやるよ
国民ー何やってんだ！（怒）
結局どうすればいいんだ
リーダーシップ型の外国
政府ー解らなくても決定する
現場ー解らないから、政府の命令通りに動く
国民ー解らないから、政府の命令通りにすれば「解決するだろう」と予測する

二　コロナ騒動に見る日本の不思議の解説　その二　日本の国民

①外国人から見ると不思議な日本人の行動の理由

第一次コロナ禍に外国のメディアは日本の不思議を二つ報道しました。

●疑問

なぜ、二〇二〇年三月、規律正しいはずの日本人が、外出自粛を守らなかったのか？

なぜ、（日本は）何もかもが間違った対応にもかかわらず　奇妙な成功を収めたのか？

この二つの疑問の答えは同じです。

●解答

多数派日本人が、自由に思考するけれど、周囲と争いを起こさぬように、黙って行動するからです。

まず外国人が「規律正しいはずの日本人が……」と疑問をもったのが、そもそもの勘違いです。この勘違いは、東日本大震災の時に、外国メディアが「被災者が落ち着いて整然と列をなす姿を、驚きをもって報じた」事で発生しました。ここで危機の時にも「日本人は真面目・誠実・辛抱強い」というイメージをもった外国メディアは、二〇二〇年三月末に「外出自粛をものともせずに、レジャーにいそしむ」日本人の姿が、彼らの持つイメージと違ったので疑問に感じたのです。

しかし元々日本人は、心の底から規律正しいという訳ではありません。「喧嘩すると後々面倒なので、些細な事ではみんなと同じ事をしておこう」と、行動をシンクロさせているだけなのです。だからこの時にも、（いつもの通りに）首相や知事の発言に対して「一応参考にはしますが、自分で決めます」という立場で、黙って聞いて自分の判断で好きなように行動しただけです。

だから「三密を避けて」と呼び掛けられたので、「少人数のバーベキューやキャンプなら問題なかろう」「サーフィンもＯＫだろう」「ドライブもいいに違いない」「外の花見が悪いはずもない」と、自分で考えて、自分の判断で外出したのです。

その日本人の姿を見て、すでに国家から外出制限命令が出ていた自国の様子とあまりにも違うので、外国人が驚いて報道したのでした。

しかし中国発の第一波に対してだけでは、日本人の判断と行動は理にかなっていたのですが、欧州発の第二波が広がったので、三月下旬の外出が結果として仇になりました。

その後広がり続ける感染に対処する為に、三密に加えて「人との接触を八割減らす」というのが出てきました。テレビで「外出するな」とワーワー騒ぐので「まあ、仕方がないか」と多くの人達が外出しなくなったのが、四月末です。

湘南海岸（外）ならいいと出かけたら、神奈川県知事が来ないでくれという。キャンプならいいと思ったのに、キャンプ場が大込だと報道される。コロナ退散の神頼みすら、「自宅でお祈りして」とテレビで識者と呼ばれる人が助言する。せめて食料の買い出しには家族一緒に出掛けて「何食べようか」と相談しながら買い物しようと思えば、スーパーが混み合うので買い物は一家族一人が望ましいと広報される。

多くの人が内心では「何なんだよ。一体」と思っても、善意の協力者の人達が必ず周囲に一人はいるので、第一次緊急事態宣言が出てしばらくすると、不満を口にすると「自分が我儘モノなのかもしれない」という気分になる《空気》が立ち込めるようになりました。

即ち、数週間～一ケ月の間「**外出しないで下さい**」「**お家にいて下さい**」「**お願いだから外に出ないで！**」と《善意》の呼びかけを聞いている内に、最初は反発していた人も「はぁ（溜息）。解りました。外出しませんよ」という気分になって、殆どの日本人は自主的に外出しなくなりました。この為に、感染が収束に向かったのです。

即ち、二〇二〇年四月の第一次緊急事態宣言の時に日本人が外出を止めたのは「**一人一人の日本人の気が変わった**」からです。ただこれは心の問題なので、外からは見えません。故に、外から見ている外国人からは見えないので「なぜ、（日本は）何もかもが間違った対応にもかかわらず　奇妙な成功を収めたのか？」と疑問を持たれることになりました。

②外出自粛・《お願い方式》と《命令方式》の効果の違い

コロナ対策として、世界の多くの国が国民の外出制限措置を採りました。自由を尊ぶはずの欧米の民主主義国も、政府が国民に命令しました。罰則が付く国もありました。一方日本は、政府と自治体が「外出しないで下さい」と国民の皆様にお願いしました。

外国のメディアは、国民にお願いする強制力のない手法では効果は薄いはずだと考えました。それなのに、日本は第一波では、わずか一ケ月半で効果が出て感染が収束に向かったことを、外国メディアは不可解な謎と表現しました。

けれど私は、これは謎でも何でもないと思います。

お願いでも命令でも、外出しない国民もいますが外出する国民もいます。

要は、《お願い》と《命令》どちらが効果的かという事です。

まず《お願い》された時、人々は大体三つのグループに分かれます。

●協力派

お願いされて、自分の意思で外出をやめる。

●中間派

お願いされて「どうしようか」と迷いながら、外出したり外出をやめたりする。

この中には、繰り返しお願いされている内に根負けして、外出を減らした人もいるでしょう。また外出して人出が減っているのを目の当たりにして、「みんな我慢しているんだ」と、自分が外出した事に罪悪感を覚えて「もう外出するのはやめよう」と感じた人もいるでしょう。外出を減らす決心をした理由は人それぞれでも、お願いが繰り返されている間に、日本では外出する人は少しずつでも明らかに減少してゆきました。

●我関せず派

人出が減った事を「空いてるから、ラッキー」と感じて、外出を続ける。

このように《お願い》された時、人々は自分の意思で色々な対応を取りますので、外出する人が0人にはなりません。

一方で政府が《命令》を下せば外出する人が0人になるかといえば、それは違います。欧米諸国では、ロックダウン開始から二ケ月しても感染が収束しないのですから、命令されても隠れて外出していた人がいたはずです。全員が外出しなければ感染は収束するはずですから……。中国の武漢が（そのやり方はともかくとして）二ケ月で感染を抑え込んだのですから、欧米の命令方式は一部で機能していなかった事になります。

それでは欧米の《命令方式》は、どういう成り行きになったのでしょうか？

（協力派）は命令でもお願い同様に、自分の意思で外出を自粛したはずです。

（我関せず派）は、命令されたので「罰金を取られないように、見つからないようにしなくては……」と注意はしますが、どちらでも外出はしたはずです。

それでは（中間派）の人達は？（中間派）の人達の中には命令された時には、見つかれば、罰金を取られるから外出を止めようと思う人もいるでしょう。しかし、（我関せず派）と同様に、隠れて外出しなくては……と思う人もいるでしょう。見つかったら罰金払えばいいと、思う人もいるでしょう。

結局（中間派）は、お願いが命令に変わっても、外出したり外出をやめたりします。

いずれせよ《命令》された時でも、外出者は0人にはなりません。却って取り締まりの警察官が市中見回りをしなくてはならないので、外出する総数は増える事になります。

命令でもお願いでも、外出するか否かは、最終的には個人の《意思》で決定されます。ですから直接個人の《意思》に働きかける《お願い》の方が有効なのかもしれません。なぜなら、命令は、人のどこに働きかけるのでしょうか？

命令とは「自分の《意思》は無視しろ。政府の命令に従え」という内容です。これは一体誰に言っているのでしょう。「自分の《意思》は無視しろ」ですから各個人の《意思》への働きかけではありません。すると個人の両足でしょうか？　これでは、隠れて外出する人がいても無理はありません。

政府に命令された時に「外出するのをやめよう」と、その国民が自分にいい聞かせるとしたら、それは「警察に連れて行かれたら、我が身がどうなるか解らない」という恐怖感が後ろ盾になっているはずです。この為に、中国ではうまくいったのです。

このように外国のメディアは日本の手法が効果を上げたのが不可解だったようですが、逆に私は「政府が命令しても感染が収束しない」外国に驚きました。それで「なぜだろう」と考えました。すると、命令方式よりもお願い方式の方が有効なのかもしれないと思うに至りました。

実際、よく考えたら（考えなくても）政府首脳の給料は、私たちが払った税金です。だから金銭授受の構図では、政府首脳は私たちの雇い人です。この構図を踏まえると、雇っている人から外出するなと命令されたら「ムカッ」ときて、外出しないで下さいとお願いされたら「仕方がないから協力しよう」という気分になるのが普通かもしれません。

こちらが雇っているのですから、彼らの仕事がうまくいかないと困るのは自分達です。だから協力しようという気持ちになるのが当然です。深層心理の部分では、案外こんな構図になっているのかもしれません。つまり、命令されずにお願いをされた日本国民の方が、夜闇に紛れて外出する人が少なかったらしいから（第一次の頃に、外国と比較して急速に）感染が収束していったのは当然だったのです。

実際、夜の闇に紛れて楽しむことは、誰でもやろうと思えばできました。ナイトクラブが閉まっていても、自宅で感染が広がる三密会を開くことは誰にでもできました。

しかし感染は目に見えて減りましたから「自宅で三密会を開くのはやめよう」とみんなが思って、三密会は現実に（0ではなくても）殆ど開かれなかったはずです。どこにも証拠はありませんが、数字が語ってくれています。

つまり日本国民の多くが、政府のお願いを聞いて自分の意思で感染を止める行動をとったから、日本の第一次緊急事態宣言下では、目に見えて感染が減少したのです。

このように、一見効果が薄そうなお願い呼びかけ方式は、発信する前に人々が納得するまでの時間がかかります。また、一人一人がいつ気分を変えて外出しなくなったのかも解らないので、結局「感染が終結していった」理由も外からは見えません。

しかしお願いして人々の気を変える事さえできれば、取り締まりもしなくていいので維持費も安くて効果も出るので、「お願い方式の方が効果的だ」と、今の私は考えます。

ただ、第一次緊急事態宣言の時には全国民的な自粛現象が起きましたが、第二次・第三次の緊急事態宣言の時には、お願いされても人出はさほど減りませんでした。

その理由は、多くの日本人が「一年間、マスク・手洗いに励んで安全対策をして外出していたら、コロナウイルスに感染しなかった」という実体験をもったからです。

毎日何百万人もが電車に乗って外を歩いているのに、感染者は数百人です。電車や道路で感染するのならば、数万人規模で感染者が出るはずです。ですから「外を歩いても感染しない」と、みんなが自分で体験したのです。だから、「お家にいて下さい」とお願いされても、バカバカしいから、お願いを聞いてあげないのです。

人から言葉でお願いされる事より、自分の実体験の方が自分の意思決定に対しての影響力が強いのです。だから、多くの日本人はお願いを無視することにしたのです。

即ち、「**また、ここで、多くの日本国民の気が変わった**」のです。

ただ「コロナウイルスに感染したい」と思っている人はまずいないので、各個人で予防策を採り続けます。即ち「マスクなし会食が、感染原因の八十五%（福井新聞）」なので、会食を自分の判断で取りやめる人は沢山います。

特に、医療崩壊が発生していて「入院できない状態だ」とテレビやネットで知れば、自分の意思で外出を自粛します。ですから、二〇二一年五月には、大阪で感染が多く発生して「もはや病院に空きベッドが無い」と報道されましたので、大阪では人出はかなり減っていました。しかし同じ時期の東京では、ベッドの不足が騒がれませんでしたので、さほど人出が減りませんでした。

このように、日本国民は、お願いされた時に、自分が納得できればお願いを聞き入れます。しかし、納得できなければ無視します。そして、自分の身は自分で守る行動をするのです。だから、自分で危険と思えば自粛して、大丈夫だと思えば外出するのです。

即ち、沈黙して好き勝手に行動する日本人に行動を変えてもらおうと思えば、人々が「妥当だ」と納得できる、常識的なお願いをすることが肝要になります。

第三次緊急事態宣言に至り、日本国民の多くは、自分の実体験と政府のお願いの乖離に加えて、ワクチン接種の遅れも重なって、政府に対する信頼感を著しく減退させていました。世論調査では、軒並み、政府のコロナ対応を支持しない人が七十％を超えました。

それでもワクチン接種が進み制限解除に舵を切ったアメリカの五月十九日のコロナ死者数は六百四十八人で、日本の五月二十四日の死者数は八十五人です。

結局日本は「何がどうして、どうなっているのか」という全体像は誰にも解らない中で、いつもの通りに、皆でワイワイガヤガヤ騒々しくやっているのです。

三　日本の社会システム

①日本で、社会の変革を起こす方法は「お願いします」

一部の人達が「社会がこうなった方がいい」という願望を持った時、日本では《お願い呼びかけ方式》を実行します。コロナ禍の中での外出自粛もお願い方式でした。

《お願い呼びかけ方式》の、解りやすい実例に「サッカー場のゴミ拾い」があります。テレビで見たのですが、最初サッカー場の観客席は、試合の後はゴミだらけだったそうです。そこで「これではいけない」と考えた人達が「ゴミは自分で持ち帰りましょう」と観客に呼びかけて、ゴミ拾いも始めました。

地道にゴミゼロを呼びかけているうちに「そうだよな、持ち帰ろう」と賛同する人、「自分のゴミを、同じ観客に拾われるのは恥ずかしい」と恥じる人、「皆、持ち帰っているから」と順応する人など、理由は人それぞれでも、ゴミを持ち帰る人達が増えてきました。そして他のサッカー場へも広がり、いつしか常識に近くなっていきました。

それでも、「ゴミはサッカー場の清掃員が集めるべきだ」と思う人や「ただ単に面倒くさい」と思う人は、ゴミを持ち帰りません。

もし全員が持ち帰れば、ゴミを拾っている人はいないはずですから、ちゃんとゴミを置いていく人もいるのです。その為に、試合の後でゴミを拾っている人がいるのです。

けれど、ゴミを置いていく人も拾う人も、相手を批判しません。ゴミを置いていく人が「ゴミを拾わせまい」と、拾う人達を批判して喧嘩になる事はありません。またゴミを拾う人も置いていく人を批判したり、ゴミを無理やり持たせたりする実力行使はしません。

互いに、相手の自由意思と行動を尊重しているので、喧嘩口論にはなりません。ただ自分の意思を相手に合わせるつもりはないので、やりたいようにやっているのです。

呼びかけに応じて観客の多くの人が行動を変えました。

しかし、それは呼びかけに対して、自分で考えて自分なりの結論に至って行動だけを変えたのであって、ゴミの持ち帰り運動の前後で自分の心は一切変わっていません。それでも、多くの観客が自分の精神を変えずに行動だけを変えたので、サッカー場では試合の後にゴミが残されないという現実が出現しました。

心は自由なままで衝突しない為に、日本人は《声なき自由意思》即ち、黙って好きなように行動することで意思表示をします。

ですから日本で新しい政策を出すという事は、濾過機の中に泥水を入れるようなものです。社会で人々が受け入れるか受け入れないかは、やってみなくては判りません。コロナ禍での第一次の外出自粛は人々に受け入れられましたが、第三次では受け入れる人が減りました。また憲法改正や皇室典範の改正のように人々に受け入れられなければ、その政策は途中で止まって出てきません。しかし、少しでも受け入れられるモノは　不都合があれば修正しながら、いつか社会に適合してゆきます。

つまり、日本の社会には、目には見えませんが国民の《声なき自由意思》という巨大な濾過機がついています。

日本ではこの濾過機を通ったものだけが、変化という形になって現れるのです。

即ち、一つの呼びかけに賛同する人は、その行動をします。

反対な人は、その呼び掛けを無視します。

賛成でも反対でも、人の意見は自由なので、互いに批判しません。

多くの人に受け入れられれば、現実が変化します。

受け入れられなければ、現実は変わりません。

②日本社会を動かす《声なき自由意思》という巨大な濾過器は、どう動くのか？

日本で一般的な《お願い呼びかけ方式》は、各個人の自由意思によって自主的に行動を変えてもらう方式ですので、一〇〇％の人が行動変容を起こすわけではありません。だからサッカー場にゴミを残していく人がいなくならないように、コロナ自粛中でも少数の人達は三密の飲み会を続けますので、新規感染者が0人にはならないのです。

即ち、濾過機を通っても純粋な水にはならない。多少の不純物が混ざっていても、「健康に害がなければ、気にしないで飲む」のが、本来の日本式です。

これを上巻では、日本で人の世が平穏に収まっている秘訣は、「**少数派を野放しにして、気にしないようにする。そして関わり合いにならないようにする**」事と紹介しました。

また、日本では、「**実際に迷惑をかけられていないのに苦情を言えば『大人げない』と人格を疑われる羽目になるので、保守派の多数派が気に入らない事を見過ごしにせざるを得ず、粛清が殆ど無くて社会に『余分な恨み』が発生しなかった**」ので、比較的長く平和が保たれたとも、紹介しました。

純粋な水でなくても「健康に害がなければ、気にしないで飲む」という事は、やるだけやってダメだったら（自分に実害が及ばない限り）諦めて、知らんふりをする、見て見ぬふりをする、忘れた振りをするという事です。この態度は表立って賞賛されませんが、こんなに多くの表現があるという事は、皆がやっているという事です。

もっとも、物は言いようなので、「無理を通さず時を待つ」とか「雌伏の時を過ごす」とも言えます。家康公は「堪忍は無事長久の元」という言葉を残されました。

どんなことでも、賛成する人と反対する人はいます。

例えば成田空港の建設の時には、反対の声が大きくて「成田闘争」と呼ばれました。一時は暴力闘争となりましたが、結局は成田空港も、反対する人達と話し合って、話し合って、話し合って、遂には開港して首都の空港として活躍するようになりました。けれどそれでも、四十年も反対を続けている人もいて、二世帯の人が今も空港内に住んでいます。どんなことでも、一〇〇%の賛成にはならないという証明ですが、今となっては大多数の日本人は忘れた振りをしています。

とは言え成田闘争は日本の政治に大きな変化をもたらしました。成田闘争の後では、住民が心底反対する公共事業は無理押しされなくなりました。政府の方も反対が強過ぎる場合には、やらない方がいいと考えを変えたのです。近頃は沖縄の米軍基地など（どうしてもやらなくてはならないモノ）の他は、地元の反対が強いと計画をやめてしまいます。

例えば、地域に必要だけど建設予定地の人は反対するゴミ処理施設などは、建設が困難になっています。十万人の市で九万九千人が賛成、又はどちらでもいい場合でも、建設予定の町内千人が絶対反対だと運動をすれば計画が撤回されるようになりました。

この傾向はマスコミなどでは、肯定的に報じられています。

どうも日本のマスコミの情緒では「最大多数の最大幸福」は多数派の横暴で、「少数派の不幸の回避」の方が、良心的だと感じるようです。人の心は自由なので、何をどう感じても良いのですが、何事も行き過ぎれば新たな問題を発生させます。

何しろよく考えたら、公共事業というモノは国民や地元の為にやるものです。

公共事業が無くなっても、政治家や官僚には自分の給料が減るという実害はありません。

堤防が出来なくても、洪水で政治家や官僚の家が流されるわけではありません。

政治家や官僚が、反対がある公共事業に関して「無理してやらなくてもいいや」と方針を転換した所で、自分には何のデメリットもありません。

ですから政治家や官僚が「自分はみんなの為と思って汗をかいて頑張っているのに、自分が罵詈雑言を浴びせられるのは間尺に合わない」→「ならやめよう」という方向に流されても無理はない、と私は思います。

しかし、誰かに反対されたら何もやらないのが、（国民の皆様の為の）良い政治なのでしょうか？　「少数派の不幸の回避」が美しく見えることは確かですが、極々少数の人が批判して反対すれば、何もできなくなるという副作用も内包している、と私は考えます。

現在の日本では、声の大きな少数派を野放しにして気にしないようにする。そしてやるだけやってダメだったら、忘れた振りをするという事が多用されています。

例えば、保育園でも、表に出る意見は「子供の声が煩しいから、近くに造るな」「保育園落ちた日本死ね」です。こうした場合米国では、「保育園を造れ」というデモ隊と「造るな」というデモ隊が激突しますが、日本では、両陣営が「行政が悪い」と苦情を言います。

それで役所の方は声の大きな少数派の苦情を野放しにして、やるだけやってダメだったら「どうしたらいいだろう？　困った。困った。困ったぞ」と困り続けます。

そして何年も困っている内に、何とかなる事と何とかならない事とに分かれます。何とかなるのは「声なき自由意思が、何とかした方がいい」と動いた場合です。何とかならないのは「声なき自由意思が、関わり合いになりたくない」と動かない場合です。

例えば「堤防を強化した方がいい」という総論では、みんな賛成します。しかし河川沿いの住民に立ち退きの協力を求めると「嫌だ」と各論で反対が出ます。

こうなると市役所も「恨まれてまでやることない」とゴリ押ししません。当然この市の《声なき自由意思》も関わり合いにはなりたくないので「どちらでもいい」という立場で中立を保ちます。つまり自分で考えた結論を出しません。こうなると総論賛成・各論反対のまま、何年間も「困ったな」と言いながら、無理を通さず時を待ちます。

そうこうしているうちに、どこかに本物の洪水が起きれば、声なき自由意思が「早く堤防造れ」と結論を出しますので、堤防建設が進んでいくことになります。

この時「堤防反対」の少数意見は変わりませんが、かつての「権力に圧迫される美しき抵抗者達」は、結論を出した声なき自由意思には「勝手に言ってろ」と無視されます。

即ち、日本社会における《声なき自由意思》という巨大な濾過器とは、「Ａの案に賛成か・反対か」の時に、良くも悪くもならない「どちらでもいい」＝中立の人達です。

日本ではその中立の人たちが、「Ａ案を実行すべきか否か」を、自分で考えて結論を出した時に物事が動いてゆきます。この為に、物事が落ち着くべき所に落ち着くのです。

だから《声なき自由意思》は、日本社会のバランスを保つ濾過器なのです。

③日本の政治を本当に動かしているモノ　《声なき自由意思》

秘密投票の選挙制度が採用されている現在、日本人は元々の自由な精神が全開になって、しがらみにとらわれない個人として国家・政治に対しています。

いわゆる次のような意見の人達が《声なき自由意思》です。

「いいな」と思ったことだけやる。又は、協力する。

「どうでもいい」事は、関わり合いにならずに沈黙して傍観する。

「嫌」な事だけ大反対する。

この、利己主義に徹した意見と態度が《声なき自由意思》です。

しかしだからこそ、厳正中立なのです。《声なき自由意思》の中立ぶりは、世論調査にも如実に表れます。文春文庫の『問題は英国ではない、ＥＵなのだ』エマニュエル・トッド著・堀茂樹訳に次の記述があります。

世論調査に表れる日本人の特性

家族に関する日本、韓国、台湾の比較研究の統計を見て、不思議だな、おかしいな、と私の目を引いたのは、日本だけ「無回答」が多いことでした（笑）。どう解釈すればよいのかまだ解りませんが、これは日本人に関する何かを示しているはずです。
その統計資料の巻末に、世論調査の各国研究者ディスカッションが掲載されていたのですが、「選択肢を偶数にする」という日本人の研究者の発言がありました。「奇数にしてしまうと、必ず真ん中の選択肢が突出して多くなるからだ」と（笑）
また先日…友人が「自分の国を守るために、必要ならばあなたは戦いますか？」という国際比較の調査を話題にしたので、「その調査で日本人の『無回答』はどれくらいか？」と尋ねたところ、やはり「無回答」が非常に多かった。

日本での世論調査で、真ん中の「どちらでもいい・判らない」という人達が多いのは、本当にどちらでもいいと思っているからです。やりたい人はやればいい。その人の自由である。でも自分には、迷惑をかけないでくれという中立の意思表示です。

一方、自分が当事者であれば、自分が良ければ賛成して、嫌ならば反対します。

もっとも「戦いますか？」に無回答が多いのは、現実から思考する多元相対論者だからです。未来の戦争がなぜ起こるのかは、今はまだ解りません。この為に、自分が戦うか・戦わないかを決める為の現実が確定していないので、決める事が出来ないのです。

自分の国を守るためとはどういうことなのか？

相手国が日本を破壊する目的で、東京に爆弾を降らす事なのか？　それとも、同盟国のアメリカが「一緒に○国を攻めなければ、日米安全保障条約を破棄する」と通告してくる事なのか？　この質問では示されていませんので「そんなこと、その時にならないと判らない」のが普通です。だから「判らない・無回答」になります。

一方、一元論者は「○が善である」という自分の認識から思考を展開します。ですから、「自国が善か悪か」という自分の認識が先に出来ています。だから「どんな理由で戦うのか」ではなくて、自国が「命を懸けて守る価値が、有るか無いか」という、自分が持つ国家に対しての認識によって、戦うか戦わないかが事前に決定できるのです。

とは言え外国人は自国を守るに値しないと思った時に「戦わない」ので、日本で無回答が多いと「日本人は自国を守るつもりがない人が多い、と誤解されるかも」と、私は余計な心配をしていますが、ＮＨＫの『日本人の意識』調査では「日本に生まれて良かった」という人が四十五年間八割か九割なので、日本人は日本に満足しています。

ただ、私は多くの日本人が「日本に生まれて良かった」と実感するのは、特別な事ではなくて自然に生まれる郷土愛であり愛国心だと思います。また「戦いますか」と聞かれて

「その時にならないと判らないから無回答になる」のも自然な事だと思います。

政党の支持率調査で「支持政党なし」が最も多いのも、自然な事だと思います。政党に入ると会費を取られたり、活動に参加したりで大変です。それが好きな人もいますが、「支持政党なし」の方が楽なので自然に多くなります。

人々が政治に関心を持つのは、自分が困っている時です。または政治か社会に「《善なる意見》に賛成せよ」と圧力を受けている時です。「賛成せよ」と圧力を受ければ、順応するにせよ反発するにせよ、政治に関心を持たざるを得なくなるからです。

しかし現代日本では、「支持政党を表明しろ」という圧力を受けることはありません。また「政治に命や財産を奪われるかもしれない」と心配している人はいません。人々は好き勝手に政治家を揶揄して笑いものにしても、政治には何も協力しません。

何もしなくても一切不都合はないので、一番楽な支持政党なしが一番多くなるのです。その結果　日本では、各政党が支持政党なしの人達に「自分達に投票してください」と呼び掛ける事が選挙運動になります。

どの政党も、「自分達は国民の皆様の為に働く政党です」と訴えます。選挙の時でも日本は《お願い呼びかけ方式》で、《我に賛成せよ》ではありません。

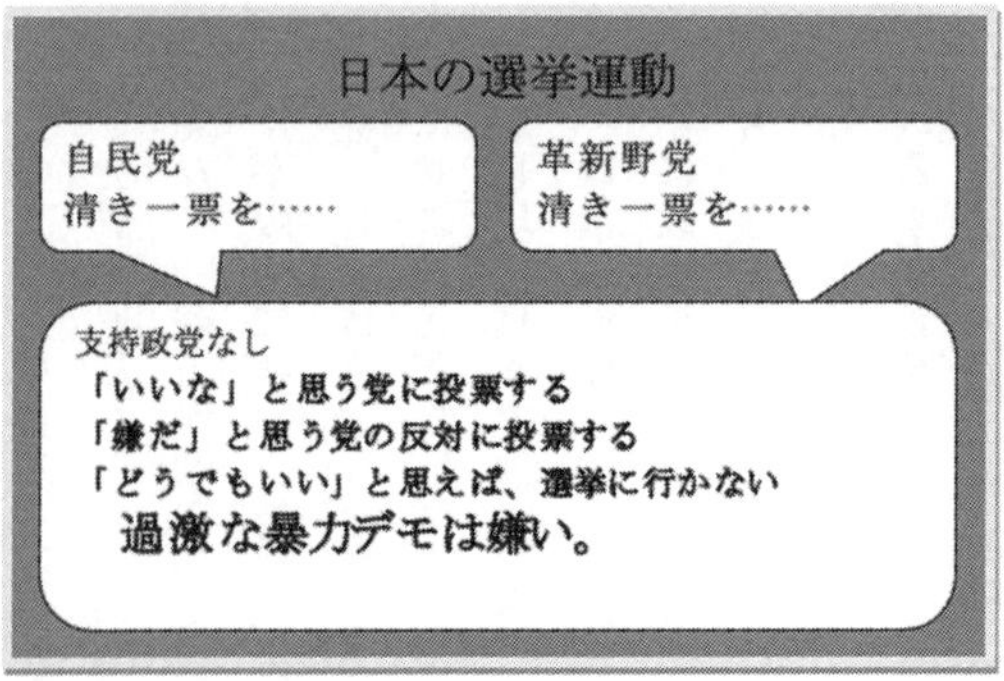

即ち、その時の気分でどちらにでもつく一見無責任な中立派であるが故に「支持政党なし＝声なき自由意思」は、日本の政治が独裁色を帯びる事を防止しています。

④日本での世論調査で、「判らない」が多いのは、解らない事を解っているからである

古代ギリシアの哲学者ソクラテスの言葉に「無知の知」という言葉があります。これは、自分が知らないということを知っているのが最大の知恵であるという意味ですが、実際に人間は知らない事に囲まれて生活しています。

人間が自分で体験したり経験して、実際に知っていることはごくわずかで、人から聞いたり勉強したりして「世の中そうなっているはずだ」と認識して

いることが殆どです。

本当は世の中がどうなっているか、全体像を理解している人はいません。

ですから政治に興味を持っているとか、その法案に興味があるとかの人でもなければ、世論調査で聞かれても「判らない」という人が多いのが普通なのです。逆に「判らない」という人が少ない方が自然ではない。そこには何かの力が働いているはずです。

歴史を紐解けば、知っていると勘違いした権力者が、良かれと思って導入した政策で、国民が苦しんだ事例が溢れています。

例えば、中華人民共和国の初代主席の毛沢東ですら、中国国内のことが解っていませんでした。毛沢東は中国を豊かで強い国にしたいと望んで、当時世界第二位の経済大国であった英国を追い抜くために「大躍進政策」を実施しましたが、結果は大失敗で、中国は飢餓が広がる世界の最貧国の一つになりました。

この結果、一時は毛沢東の立場が危うくなるほどで、毛沢東は保身のために文化大革命を起こして、権力闘争を仕掛けなければならなくなりました。

「大躍進政策」中華人民共和国の第2次五か年計画（一九五八～六二）で目標とされた，工業・農業の飛躍的発展をめざす政策。

中国は，人民公社を中心に中国型共産主義社会の建設をめざした。しかし，一九五九年からの自然災害，ソ連の技術協定破棄，無理な計画が重なり，経済は混乱し，一五〇〇～二〇〇〇万におよぶ餓死者を出して失敗した。この為毛沢東は国家主席を辞し，劉少奇らが経済の調整政策をとる事となった。

（出典『旺文社世界史事典 三訂版』旺文社世界史事典より）

毛沢東は「中国の経済を混乱させ、大量の餓死者を出そう」と意図した訳ではない。けれど結果としてそうなった。これは彼が「中国を豊かするには、どうすればいいのか」という政策を間違えたからです。つまり、中国の現実が解っていなかったからです。

また二〇〇九年に日本で政権交代を実現させた民主党の人達も「日本経済を悪化させる」つもりはなかったと思います。しかし結果として悪化して、三年で政権を追われることになりました。これがなぜかと言えば、彼らが「税金の無駄を省けば、国民の生活が楽になる」と宣伝したにもかかわらず、国民の生活は却って苦しくなったからでした。

つまり、民主党の人たちも、日本の現実が解っていなかった事になります。


人間が《事実だ》と思っていることの多くは、人から聞いたり、社会でそうなっていたりするはずだという《事実認識》です。自分が実際に《体験した事実》は一部分です。

自分の家は自分のモノだと思っていても、それは人間社会の決まりだからです。人間社会の決まりなので、他の人間は勝手に入ってきて住み着いたりはしません。しかし、ハエや蚊やゴキブリ・犬猫といった動物や、雑草という植物は人間社会の決まりは守ろうとはせず、勝手に入り込んで住み着こうとします。さらに戦争でも起きれば、自分の家だと思っている所から、同じ人間の仲間によって追い出されることもあります。

このように「事実であると信じていることが、立場が違えは事実ではない。又は状況が変わると事実ではなくなる」という事は少なくありません。

人間社会では、人間同士が争わないで共生してゆくために「Aさんの家には、Aさんが住む」と決めたりします。普通の状態ですと、これは《集団の共通認識によって事実》となります。同様に人から聞いて事実と思っていることも《集団の共通認識によって事実なった事実》です。だから《もしかしたら事実ではないかもしれない、事実》です。

このように、本来はよく解らないはずの世の中で、外国人が世論調査で意思表示ができるのは《基準》の力が作用して、認識上で善悪を判断するからです。つまり外国では「解らない」という人が少ないという自然ではない状態は、自分が属する国・政党の善悪基準を流用するという《基準》の力が働いて作り出されたのです。

(注)日本にも《基準》で判断する人はいます。

一方多数派日本人は、人から聞いた話も参考にしながら、自分の体験と立場等々、様々な知見で判断したり、関係ない事にはかかわらずに、良くても悪くてもその時その場にふさわしいと思う行動をしたりしながら、有史以前から日本列島に生存してきました。

●「十七条の憲法」の統治理論と、現代の日本政府

前著で私は「十七条の憲法」の統治理論は、リーダーシップ型の「我に従え」「我に服従せよ」ではなく、「統治者が思いやりの統治を実行して、統治者が民衆の信頼を勝ち得た時に、民衆の協力を得て平穏な統治が実現する」であると、申し述べました。

「十七条の憲法」は、官吏に「勤勉で誠実で汚職をせずに、民衆に対して公明正大で思いやりに満ちた統治をせよ」と命じています。これは、民衆が犠牲を覚悟して反乱を起こそうと決意すれば反乱を止めることはできないので、「民衆が反乱を起こそうと思わない統治をすることが、平穏な統治の方法である」という統治理論だと思います。

ですから、日本政府が「皆が良ければそれでいいや」と、コロコロ方針を変えていたのは「世論の望む政策を実行して、国民の信頼を勝ち得て、国民の協力を得て平穏な統治を実現したい」と考えていたからだと思います。

ただ、日本式ボトムアップ政治での優れたリーダーとは、自分の望む方向性を官僚と国民に納得して貰った上で、官僚と国民の自由な頑張りを引き出すリーダーです。

即ち、熟慮した後に、「多くの人が納得できる、適切なお願い」が出来る人物です。

コロナ禍での日本政府のように「〇〇をします」→「反対多数。△にしろ」→「皆さん

が言われる通り、△にします」というリーダーではありません。別段、外出しているだけでは感染しないのに「人流を抑える為に外出しないで下さい」と、とても納得できないお願いを繰り返すリーダーではありません。

私は、コロナ禍において日本の政権支持率が（安倍政権でも菅政権でも）減少したのは、両政権が「声なき自由意思が納得できるように、説明できなかったから、納得できる政策を打ち出さなかったからだ」と思います。

⑤コロナ禍の中の　日本文明とキリスト教文明と中華文明の人々の判断基準の違い

●日本文明

「多元相対論者」の日本人は、いざこざを起こさない為に行動をシンクロさせても、基本的に「人は人・自分は自分」で、人と意見が違っても気にしない個人主義者です。

ですから、政府から「外出しないで下さい」とお願いされても、自分で外出するかしないか決めて好き勝手に行動します。また、他人が外出してもしなくても放っておきます。

だから、政府が「外出しないで下さい」とお願いしているのだから、「皆外出するな」

と他人に文句を言う人が、正義の人とは見られずに奇異な目で見られるのです。

●キリスト教文明

「二元論者」のキリスト教文明の人達は、自由主義の旗を挙げていても、「基本的に他人も、自分が信じる善なる行動をすべきだ」という肌感覚を持っています。この為に、「ロックダウン＝外出しない事が善なる行為だ」と社会的に認められると、案外簡単に自由の束縛に当たるロックダウンを政府が命令できます。

しかし、それでも「外出したい」人は束縛を感じますので、こういう人達は「自由の侵害は悪い事だ」という理論で、自分の意見を善なる立場に立たせます。こうして、外出したい人達が、「自分達の意見が善なのだ」というデモをしたりします。

即ち「他人も、自分が信じる善なる行動をすべきだ」という所が同じなので、外出派も家籠り派も「自分達が善なのだ」と論戦するのです。

●中華文明

「正邪二元論者」の中国人は、最高権力者の習近平主席が「全員が外出しない事で、感染を抑え込むのが正しい事だ」と裁定すると、皆がその正しい行動を取ります。内心はどうあれ、正しくない行動をして見つかったら、逮捕投獄されても仕方がないので、正しい行動をするのです。

そして感染が終結した後には、「習近平主席の正しい判断で感染が終結した」→「素晴らしき習近平主席に感謝しよう」と世論が言うので、皆感謝している振りをします。それが中国人としての正しい行動だからです。

このように、各文明の論理構造の違いによって、自分の感じた事をどう外に向けて発信するかが違ってきます。日本文明は日本だけの文明なので、他文明の人達から「変だ。理解不能だ」と思われることになります。

⑥日本に全員で信じるべき理想・理念《基準》がないのは、《基準》を決めると「誰かを排除しなくてはならない」から

多くの人が素晴らしいと思う理想であっても、全員にとっての理想とはなりませんので、何かを絶対善・絶対正と決めてしまうと、必ず少数の人達を排除・追放・粛清・抹殺しな

くてはならなくなります。

だから「皆で仲良くする」ことを目指した「十七条の憲法」では、「こうすればいいよ」という提案だけで罰則がないのです。つまり「十七条の憲法」は絶対善でも絶対正でもありませんので、日本文明は全員で従うべき《基準》をもたないのです。

結局、多くの人が理想だと考えた共産主義の成り行きからも、ある人物にとっての理想の実現は、別の人物にとっては地獄になる事が窺えます。

●共産主義についての考察

大土地所有者・有産階級が贅沢に暮らして、無産階級の人達が貧困の中で暮らす。実際の労働は無産階級の人達がして、有産階級は働きもせず遊び暮らしている（人が多い）。この十九世紀の状態を是正すべきと考えたマルクスは、共産主義を提唱しました。

共産主義の基本理念は「能力に応じて働き、必要に応じて取る」という言葉に込められています。「皆で働き、皆で分配する、そして、皆で幸せに暮らす」という理想郷を、マルクスは思い描いていたのだと思います。しかし、思想家であるマルクスが、机上で経済学モデルを考えた為に、実際には「究極の独裁政治」が出現したのでした。

●共産主義経済モデルは、究極の独裁政治を生み出す

ソ連を始めとして現実の共産主義の統治は、独裁政治になりました。

この理由は、共産主義経済モデルが、古代帝国の支配モデルと同位体だからです。

土地所有の形態で説明します。

中世まで、国家の土地は武力で確保されたので、国王の物で、国王が臣下の貴族達に分配していました。それが、近世に入り金銭で土地が売買されるようになると、資本家が土地を所有する事ができるようになりました。

土地を所有するという事は、その土地の中では、その人物に自由が保障されるという事です。ですから、十九世紀の段階では、金銭を所有する者、即ち、貴族と資本家には、自由が保障されるようになっていたのです。

マルクスは、土地所有者に自由な権利があり、無産階級には権利が無いという状態を改善する為に、「土地・建物を国民の共有財産にすれば、国民全員に平等の権利を生じさせる」と考えました。これが「共産主義」です。

けれど、「共有財産」という言葉は、耳触りはいいのですが、「皆のモノということは、誰のモノでもない」ということです。即ち、皆の物である土地・建物に「明日」誰が住み、

誰が耕すかを決定するのは、「今日」其処に住んでいる人や、耕している人ではなく、国家の最高責任者になるのです。結果、最高権力者以外の全員が、「平等に、いかなる権利も持たない」状態になります。

共有財産をどうやって使うのか？

使用方法は最高権力者が決める＝すべての土地・建物が最高権力者の私物となる。

つまり、マルクスは人々の生存権を確立しようとして、却って自由を剥奪して隷属状態を作り出す、経済モデルを提案してしまったのです。

共産主義革命が、ロシアと中国でのみ成功したのは　この両国の農民の殆どが、地主達に対して隷属状態におかれていた為であると思います。元々が隷属状態であったために、支配者が地主から共産党に代わっても、共産党に隷属する事に抵抗が少なかったのです。そして、わずかでも教育や医療が受けられる生活改善が施されれば、革命が歓迎されたのだと思います。

●共産主義経済モデルは、一国一財閥の完全独占企業経営と同じ形

国家が、全ての土地・建物・生産設備を所有して、計画経済を行う。この共産主義の経

済モデルを資本主義社会に当てはめると、それは、「国家の産業が、共産社という独占的財閥企業によって牛耳られている」究極の独占状態になります。

　農林水産業も、製造業も、学校も、鉄道も、国家のすべての産業が共産社の支配下で運営されるのが、共産主義です。ですから、すべての国民は、共産社の社員になるしかないので、自然に、職業選択の自由・居住の自由・言論の自由が抑圧されてゆきます。

　すべての国民が共産社の社員ですので、会社のどの部署に配置されるか、どんな仕事をするのか、給料はいくらか、どの社宅に住むのかは、会社＝国家が決定します。

　会社がいくつかあれば、耐えられなければ退社して、別の会社に就職することもできます。しかし、会社が一つしかないので、気に入らなくても、命令に従うしかありません。耐えられずに苦情を言えば、不適格者として収容所送りになってしまいます。

　資本主義社会の会社ならば不適格者は解雇することができます。資本主義での社員契約は、労働と給料の交換で、会社がその社員の人生を背負う必要はないからです。

　ところが共産主義では、国家が国民の生存に対して責任を持っていますので、不適格者を追い出すことはできません。しかし、不適格者をそのまま配置しておくと、会社にとって有害なので、収容所にまとめて収容するしかなくなります。

故に、共産主義経済モデルを採用すれば、収容所が作られるのは必然になります。

つまり、「共産主義が人を幸福にする理想だ」と言うのは、机上の空論でありました。

実際、人の心は自由で、立場によって利害関係は変わってくるので、全員が支持できる理論・理念は存在しません。ですから、全員で共生することを目指せば、そのグループは理想や理念を持つことはできないのです。故に、耳に優しい理想的な理論であっても、その理論通りに現実社会を作ろうとすれば、《誰か》は適応できずに脱落する事になるのです。

第二章　明治維新・日本の歴史を動かしてきたモノ

一　日本における時代の変遷

理論的な理想である《基準》を持たない日本では　現実が変化してうまくいかなくなった時に、人々はどうしようかと考えて「別のやり方をするしかない」と政治形態を変えてきました。理論的な理想を持たないので、どのようにも変化できるのです。

ですから　日本では誰もが認める（＝認めるしかない）現実の変化があった時には、その時代の現実に合わせて、国の形を変えてきました。

日本では大きな現実の変化を感知すると、人々はそれぞれ三つの集団に分かれます。

- 「新しい道へ行こう」という人達。
- 「今まで通りがいい」という人達。
- 「どちらでもいい。判らない」という人達。

普通の国で国家体制が変化する時は、変化させようとする人達と変化させまいとする人達の二手に分かれます。しかし日本人は、一般的に自分に直接関係しない事にはかかわらないようにするので、「どちらでもいい。判らない」という集団がどんな問題でも出現するのです。

さらに三つの集団に分かれた人達は、各集団内部で次のように分けられます。

「新しい道へ行こう」という人達は新しい道を目指して頑張りますが、頑張る理由は人それぞれです。

現実の変化を自覚している人達は、このままではダメだと頑張ります。または状況を理解していない人達は、一旗挙げようと頑張ります。

「今まで通りがいい」という人達は抵抗をしますが、敗者になると二手に分かれます。

自己保身に頑張る人は、不利な現実に対応して生き残る為に、自分の受ける損失を最小化しようと奮闘します。そして、変化による損失は仕方がないと受容します。または、変化を受け入れたくない一部の人達は、自分の信念に従って潔く没落します。

「どちらでもいい。判らない」という人達の身の処し方。

この人達は　新しい道（変化）によってさほど立場が変わらない人達です。変化によって、自分に被害があるのか利益があるのか判らないので、「どちらでもいい。判らない」という集団になるのです。そして、自分が被害を受けなければ「どうでもいい」と思うので、関わり合いにならないようにします。

ですから現実の変化を自覚していても、「どちらでもいい。判らない」という最大の集団は、黙ってなるようになるのを傍観します。即ち、声なき自由意思になります。

このように日本では、誰もが認めるしかない現実の変化がある時でも、意見の違いをもつ当事者同士の戦いにしかならず、革命が起こらないのです。その上武力で戦闘に勝利しても、最も大きな集団である声なき自由意思に反発されると、前に進みません。

その為に、日本の政変では、理念が無くても「なるようになる」のです。と言いますか「なるようにしかならない」のです。

それでは明治維新を例に、過去の日本がなるようになってきた様子を観察します。

二　明治維新は　なぜ成功したのか

明治維新の凄いところは、江戸幕府を瓦解させるために終結した人達が、それぞれ全く別の思惑で集まっていて、殆どの人達は「その後はどうするのか」を全く考えていなかったことです。

そして明治になっても「今後どうするのか」が誰にも解らなかったので、大日本帝国憲法を発布する迄に二十年かかりました。つまりこの間、行き先も解らず進んでいたのに明治維新になりました。だから「凄い」と私は考えます。（どうすればいいのか誰にも解らない所は、コロナ対策と同じです）

明治維新では、明治二年に藩籍奉還・明治四年に廃藩置県・明治九年には士族への生活給付が打ち切られ、江戸時代二百六十年世襲されてきた武士の財産権が消滅しました。

これは凄い事です。武士達は「先祖代々うちの土地だ」と信じていた土地を、突然取り上げられたのです。普通だったら怒ります。けれど実際にはいくつかの武装蜂起があっただけで、反革命までにはなりませんでした。

しかも、武士からの財産権を少しずつ取り上げている最中の、明治四年十一月から一年十ケ月もの間、幕府が結んだ不平等条約の改正を目指して、政府のトップがそろってのんきに外遊していたのですから、なぜ内乱にならないのか不思議といえば不思議です。

これは、日本には人の目には見えない声なき自由意思という、巨大な濾過機があったためでした。どうすればいいのかまるで解っていなかった明治新政府が次々と繰り出す政令が、この声なき自由意思によって濾過されて、時代と社会にマッチしていたモノは大きく育ち、ダメなモノは自然に消滅して、日本の近代化はなんとかなったのです。

実際に声なき自由意思が社会を動かす実例を、次に挙げさせて頂きます。

①明治時代に《声なき自由意思》によって消滅した政策

ここでは、明治新政府が出した政策が声なき自由意思によって消滅した例を列挙します。尚、この項での引用【 】は、彩図社出版・夏池優一著『教科書には載っていない 明治維新の大誤解』です。

●「仏教弾圧」と「神道の国教化」

明治新政府は、太政官布告（国家の最高官庁の命令）で【神武天皇の精神に返る】ために、【古代社会のように祭祀と政治を一体化（祭政一致）させよう】として、【「神祇官」

という大化の改新以後に設置された、神道の祭祀をつかさどる役所を復活させる】という布告を、一八六八年三月十三日、五カ条の御誓文を発布する前日に発布しました。

つまり【全国の神社・神職が、神祇官の付属となる】とされ、【「神道」を仏教の支配から分離したうえで、国教化】して、天皇・朝廷が支配する「平安時代」以前の形に戻そうとしたのが、明治新政府の最初に取り組んだ仕事だったのです。

つまり、都のお公家さん達の一部の人達（主に、国学者の人達）は、七百年間政権から除外されていても、まだ自分達こそが国家の中心だという認識を持ち続けていたのです。そしてドサクサに紛れて、いち早く信仰の中心を押さえようとしたのです。【よほどこの政策を実現させたかったのだろう。はやる気持ちをおさえられないというふうに、政府はその後も矢継ぎ早に関連する法令を出している】

四日後、三月十七日には

【別当および社僧の復飾令】宗教界の階層を廃止し、「僧侶に髪を伸ばせ」と命令。

三月二十八日には

【神仏判然令】神と仏を分離して、僧侶が神職を兼務する事を禁止。

【廃仏棄釈】【社から、仏語・仏像・仏具を除去する】ことを命令。

四月四日には
【別当および社僧の還俗令】で、「僧侶は還俗せよ」と命令。
矢継ぎ早に出された命令に同調する者もあって、【全国各地で仏教弾圧が行われた】
しかし【僧侶が殺されるという噂も流れ、人々の間で不安と恐怖】が蔓延すると、四月十日には、【仏具や仏像を取り壊す際には申し出るように布告を出している】

三月二十八日に、神社から仏具・仏像を除去しろと命令して、四月十日には取り壊しを許可制にする。即ち、壊せと命令した政府が、十二日後には壊すのを止めろとしたことを、「明治維新の大誤解」の著者は【あまりにもお粗末な対応である】と断じています。

本当にお粗末です。ただ私は、壊せと命令した人物に対して、別の誰かが止めに入ったから「お粗末に見える対応になった」ように思います。ですからこの事例は、十七条の憲法で「重大な決定を独りでするると、判断を誤る可能性がある。決定を通知した後で、反対の声が大きく上がると物事を進めることが難しくなり、場合によっては失敗する」と戒めている失敗例そのものです。

「仏教弾圧」と「神道の国教化」の結末は【政府による神道国教化政策では、仏像・仏具の破却や寺院の統廃合だけではなく、僧侶に仏教教義の説教を禁じ、天皇崇拝と神社信仰に基づいた説教を強制した。当然のことながら、僧侶たちから、強い反発を受けて、政府は方針を改めざるをえなくなる。一八八九年に発布された大日本帝国憲法では、信教の自由が明記されることになった】でした。

つまり力業で神仏を分離させることはできましたが、殆どのお寺はそのまま残りました。要するに、人々の信仰は変わりませんでした。

ただ、変化もありました。これ以降は、僧侶たちも結婚するようになったのです。

僧侶たちは、政府の命令でも、仏像の破壊は嫌だからしませんでしたので、殆どの仏像は現在まで受け継がれています。けれど僧侶たちは、「還俗令」で髪を伸ばせ、結婚しろ、俗人と同じ食事をしろと命令された内で、結婚する事や俗人と同じ食事をすることは「いいな」と思ったのでしょう。還俗令が消えうせた後で、頭は坊主に戻してもそのまま命令に従い続けることにしたようです。

以下、仏教弾圧と神道の国教化と同様に、立ち消えになった政策をいくつか挙げます。

●**鹿鳴館での舞踏会**

鹿鳴館で舞踏会を開催して、欧米人に立派な文明国と思わせて、条約改正に役立てようとしましたが、元武士階級には不評で、外国人にも慣れない事をする日本人が滑稽に見えたらしいので、数年で舞踏会作戦は消滅しました。

●**上限利息の撤廃**

欧米にならって経済の自由化を目指した明治政府は、明治四年「江戸時代に定められた年一割二分」の利息の上限を一旦撤廃しました。しかしあまりに不評であった為に、明治十年太政官布告「利息制限法」が、定められました。

●**一夫多妻**

明治三年の刑法典「新律綱領」では、お妾さんも正妻と一緒に男性の戸籍に載せられました。明治九年頃から議論が始まり、明治十三年刑法の制定で妾は戸籍からは排除されましたが、実態は変わりませんでした。

●**娼妓解放令**

明治五年「娼妓解放令」を発布して、遊女の借金を帳消しにして人身売買を禁止しました。欧米列強に倣ったものでしたが、現実には、本人が希望すれば鑑札を与えて売春業が出来るとしたので、政府公認の公娼は却って増加しました。

②明治時代に《声なき自由意思》によって推進された政策

ここでは、声なき自由意思によって推進された政策を列挙します。

●「学区制」の義務教育

明治五年「学制」が発布されて、国民は義務として教育を受けざるを得なくなりました。

なぜ「教育を、受けられるようになった」のではないのかといえば、政府は

> 教育は自ら立つための基本であるため、その費用も政府の地租をあてにしてはいけない。

即ち、明治政府は「教育は、義務であり権利ではない」という意見で「政府は金を出さ

ないが、教育は受けるべきだ。だから、国民は自分で月謝を払って教育を受けよ」と命令したのです。

その為に一般庶民からは大反発を受けて、学制反対一揆も勃発しました。

けれど「教育こそが国家の基本である」と、それぞれの土地で頑張る有志などによって寄付が集められ、政府へも陳情して補助金も受けて、江戸時代からの寺子屋をベースとして少しずつ教育の義務化が進んで行きました。

●太陽暦

明治五年十一月。明治政府は「翌年から太陽暦を使用する」といきなり発表しました。西欧列強に追随する為と、太陰太陽暦を使い続けると、閏月がある年には月給を一ヶ月分余分に払うことになる為だといわれています。暦が変わる準備にわずか一月余り、太陽暦の方が便利になるとは言いながら、殆ど説明もなかったので庶民からは大きな反発がありました。

また国が作った官製の暦は、方角の吉兆など迷信的な要素が取り除かれていた為に人気がなかった。その一方で、従来の迷信的な記述も含めた民間による「偽暦」のほうが飛ぶように売れ、官憲は慌てて取り締まりを行っている。
　色々あったが、結局太陽暦は六曜併記の形で国民生活に定着したものの、政府が推進した「神武天皇即位紀元」のほうは、戦時中以外には使用されなかった。今も日本は神武天皇即位紀元を正式な法律では採用しているものの、誰も使う人はいない。

●「散発脱刀令」

明治四年、明治政府は

「散髪・制服・略服・脱刀トモ、勝手タルベキ事」髪も服装も刀を持たないことも勝手にやればよい。

と布告した。
すると序々に勝手にやる人達が増えてきた。

めちゃくちゃに散発した者や、河童のような髪形をする者、逆に中央にだけ髪を生やす者など、収拾がつかない状況に陥っていたようだ。現在の福島県にあたる地域では、「半髪者」に税金をかけるという案まで出たという。ほとんどコント劇のような展開である。

もう一つ、政府にとって誤算だったのが、男性にならって髪を切り出した女性たちがいたことだ。

このために、翌明治五年四月五日、

女子の断髪禁止令が、東京府から出された。このことから、4月5日は「ヘアカットの日」に制定されている。

明治新政府は欧化政策を進めたいと思っても、何分初めてのことで、どうすれば成功するか全く解らないので、当然政府内の意見も集約しませんでした。

この為に「とりあえずやってみよう」という方針で、ポンポン命令を出しました。すると声なき自由意思という濾過装置が働いて、国民に受け入れられるモノは受け入れられて拒否されるモノは拒否されて、日本に合った形で欧化してゆく事になりました。

また、百五十年後の今では、明治維新は混乱もなく成功したような印象で語られますが、神道指令にしても、義務教育令にしても、その時には、ワイワイガヤガヤ・ドタバタで、現代のコロナ対応と同じ騒ぎだったと思います。

③明治時代に武士の特権の廃止が、成功した理由

多くのことを「とりあえずやってみよう」方式で進めた明治新政府も、武士の特権廃止だけは（建武の新政で一度失敗しているからかもしれませんが）、細心の注意を払って、武士達と話合いに話合いを重ねて改革を急がず、十七条の憲法の教えの通りに、意見が集約するまで、又は、武士階級が諦めてくれるまでの待ち時間を許容して進めました。

武士の特権・家禄を取り上げるという最大の難問だけは（目標が決まっていたこともあり）今できる事だけして、目標の方へ少しずつ進んで行く方法が取られたのです。

江戸時代には武士は「我が家の所領は、先祖代々我が家のモノだ」と信じていました。

自分の所領から年貢を取るのは自分です。政府に納めなくてはならないとは思いません。

これに対して中央集権国家では、国家のすべての土地から年貢・税金を取るのは国家だけです。ですから、欧米と肩を並べる中央集権国家を創る為には、どうしても武士達から世襲の家禄を没収しなくてはなりませんでした。

しかし、明治新政府が「神道の国教化」を布告した時のように、いきなり「今日から国土はすべて天皇のモノです。武士たちが年貢を取るのは禁止します」と宣言したら、明治新政府に味方して討幕軍に参加した多くの武士達は一夜にして幕府方に寝返ったでしょう。なぜならば、討幕軍に参加した大名や武士達には「戦で手柄を挙げれば、出世して家禄が増える」と勘違いしていた人も少なくなかったからです。

手柄を挙げたと自分で思っている武士達から土地を取り上げるには、どうしたらいいのか？ これは難問中の難問です。この難問に対して、（誰が考えたのかは解りませんが）明治政府は、長期的視野をもって我慢強く次の行動を取りました。

●威嚇

武士達に「明治新政権に逆らったら潰される」ことを解らせるために、戦う気のない会津藩に難癖をつけて開戦して、勝利の後には敗戦の武士達を江戸に連行して見せしめにした。逆らったらもっと悪いことになるぞと脅して、諦めさせるという手法。

徳川宗家と全面戦争したら負ける可能性もある為、会津藩を狙ったのだと推察します。

●懐柔

明治政府は、「大人しくしていれば、悪いようにしない」という意味で、武士達への生活給付を、形を変えて少しずつ減らしながら明治九年まで行っていました。

武士達が「ひどい状況だ。だが、逆らったら食べる事すら出来なくなるかもしれない。どうか、これ以上悪いことは起こらないで欲しい」と気力を無くしていくように、真綿で首を絞めるように、ジワジワ特権を取り上げていったのです。

●分離

まず藩籍奉還で大名を知藩事にして、武士達と主従の関係を名目上はなくしました。次に廃藩置県で元大名を全員知藩事から解任した後、東京を住まいにする事を命じて大名と家臣との関係を遮断しました。

また、明治新政府と各県で、積極的に各地の有能な武士達を雇用しました。日本の各地で有能な人材が不満分子に担がれて反乱軍のリーダーになる事を防止したのです。

●斬前

明治初期には普通の政策では朝令幕改も多々ありましたが、「武士の特権廃止政策」だけは、今ここまでやっても大丈夫な所で止めて、少しずつ進んでいきました。

例えば、各藩から中央政府へ差し出す資金が武士達で構成される「集議院」の議決で減額されるなど、明治新政府も聞く耳を持ってはいました。明治初期には武士に団結して叛乱を起こされたら、建武の新政のようにすぐ潰される事もありえたので無理押しできなかったのです。

④明治維新を為し得たのは現実を見据える多元相対論にもとづく「和」の精神である

明治維新を支えた薩長土肥のメンバーも、旧幕臣・他藩出身者も、それぞれの心の中には相手陣営に対して強烈な反発心を持っていました。それでも外国の脅威の前では国家の改革が必要だと認識して、私怨を乗り越えて協力し合いました。事実、明治初期に行政を現場で支えたのは、表面上は逆族とされた旧幕臣達でありました。

門松秀樹は『明治維新と幕臣』で、次のように書いています。

「明治政府のク草創期に政府を支え、また維新の改革が軌道に乗るまで支え続けたのは、無名に近い、行政の現場にあった旧幕たちであった」

不平等条約の改正交渉のため、アメリカとヨーロッパ諸国に派遣された「岩倉使節団」には、全権大使の岩倉具視のほか…木戸、大久保、伊藤博文らが名を連ねた。一方で、書記官には旧幕臣が多く、司法大輔の佐々木高行は、日記でこんなことを書いている。

「書記官には旧幕臣が多数いたので、使節や理事官などは、維新の仇を返されたるようなありさまだ。」いくら地位が高くても、実務面で劣っていれば、イニシアチブが取れない。旧幕臣に頼らざるを得ない状況に、明治新政府側はフラストレーションをためながらも、ほかに方法はないと諦めている状況だった。

また、大久保利通は明治元年九月に手紙に

> 東京府の旧幕臣たちは、一掃しなければならない。東京府会系局は古い慣習のまま、幕府の役人を登用している。

と記していますが、明治四年になっても旧幕臣に頼らざるを得ない状況は続いていました。

明治新政府も旧幕臣も、外国の脅威をはねのける為に　忍耐力を発揮していたのです。

これは「十七条の憲法」第一条「和」の精神です。（　）内は筆者の挿入です。

（とにかく）関係者全員で（どうしたらいいか、話し合うしかない）
（話合いは物別れに終わる時もあるが、話合いを諦めてはいけない）
（どんなに嫌でも）、互いに相手の立場を思いやり、……よく話し合えば、
（いつかは）自然に物事の道理にかなって、何事も成就する。

このように明治新政府は、武士の特権の廃止には時間をかけて、できない所は憎んでも余りある旧幕臣を登用するという忍耐を発揮しました。

どうしても必要ならば我慢して、仕方がない事は諦めました。

結果、声なき自由意思という濾過機によって、明治維新では社会にマッチした政策だけが具現化して、明治維新は成功したのです。即ち、なるようになったという事です。

⑤明治維新の成り行きと、コロナ対策の成り行き

明治維新と令和のコロナ対策は、同じような成り行きになりました。

両方とも政府も国民も初めての事だったので、最初はどうすればいいのか誰にも解りませんでした。けれど何かの対策をしなくてはならないので、政府は自分の周囲の人たちだけの意見を聞いて対策を発表して、実行しました。または実行しようとしました。すると国民はこぞって賛成・反対と自分の意見を言い出し始めました。

「どうすればいいか解らない」のに、なぜ政府の対策に賛成・反対と言えるのかと言えば、解らないのは「最善の方法が解らない」という事で、政府の対策が「良さそうだ」とか「もっと他の方法の方が良い」という意見は各自の心に浮かぶからです。

こうしてみんなでワイワイガヤガヤやっている間に、《声なき自由意思》が受け入れて

協力した対策は実現しますが、そっぽを向かれた対策は途中で立ち消えになります。

政府の方で「皆さんが宜しければそうしましょう」になるからです。というか、政府首脳が政策を実現させたいと願っても、実際に実現させるのは各現場の担当官であり国民なので、この人達が政府の意向を無視して実行しなければ、政府首脳の打ち出した政策が実現しないという結果に自然になります。一方現場の担当官と国民が、「いいじゃないか、是非やろう」と実行すれば、政府の政策が実現します。

つまり国民の皆様が実行してくれなければ、政府が望んでも実現しないのです。ですから政府が政策を実現するためには、国民に《お願い》《命令》のどちらの方法でも、国民に納得して貰って、各個人に行動を変えてもらう事が必要になります。

この為に日本の政府はとりあえず言ってみてダメだったら、「まあいいや」と「皆さんが宜しければそうしましょう」という態度に変わることが少なくないのです。

しかしどうしてもこれだけは外せないという事柄に対しては、日本政府も《声なき自由意思》の受けが悪くても粘って政府の方針を貫きます。

明治政府は「武士の特権の廃止」、また令和の日本政府もコロナ禍の初期には「コロナウイルスの検査の拡充の拒否」だけは、そして「東京二〇二〇を開催する」という事だけは、どれ程反対されても批判されても貫きました。

このように外見は違っているようでも、明治の日本政府も令和の日本政府も物事の進め方はさほど変わっていないような気がします。

即ち、日本人の価値観が大筋では変わっていない事の表れだと、私は考えます。

三　日本の政治の不思議

①日本では、最高法典が現実に合わない場合「改正しないで飾っておく」事が選択される

日本型政治とは、理念に左右されず、その時々の現実に対応策を講じる政治です。とは言え、日本では《掟》に従うことが絶対善です。そして《掟》を変えるには、皆の意見が一致しないと変えられません。ただその集団が小さければ《掟》を変える事も容易ですが、集団が大きくなればなるほどに《掟》の変更は困難になります。

ですから、日本では国家の最高法典が変更された事はありません。（破棄されて、新しいモノに変わったことはあります）

西暦七五七年に発布された養老律令は、一八九〇年に明治憲法が発布されるまで、国家の最高法典でした。ただ養老律令は千百三十三年間、国家の最高法典ではありましたが、現実に合わない部分は無視され活用されなくなってゆきました。変えようとして話し合おうとすれば、反対が強くて変えられない。けれど、現実には対応しなくてはならない。だから九百年程は「改正しないで飾っておく」ようになったのだと思います、

このような日本でありますので、日本国憲法が改定されなくても不思議はありません。

●養老律令（西暦七五七年～一八九〇年）

養老律令は、七五七年（天平宝字元年）に施行された基本法令。大宝律令に続く律令として施行され、古代日本の政治体制を規定する根本法令として機能した。しかし、平安時代に入ると現実の社会・経済状況と齟齬をきたし始め、格式の制定などによってこれを補ってきたが、平安中期までにほとんど形骸化した。廃止法令は特に出されず、形式的には明治維新期まで存続した。
（ウィキペディア・二〇二〇年十二月六日　抜粋）

普通の国際標準の常識で考えると、「九百年もの間、現実社会に無視され続ける最高法典が、改正する事も廃止する事もなく、奉られて飾られている」事などありえないと思います。しかし、この日本では、それが過去の事実だったのです。

養老律令の基本理念は「公地公民」で、古代の共産主義独裁体制を目指しました。

すべての土地・人民が国家のモノ＝国民全員のモノなので、戸籍が作られて耕作すべき土地が、男性にも女性にも分配されて、その土地で出来た作物等を国家に収める方式でした。ところが次第に自分で勝手に新たな耕作地を開拓して、税金逃れをする人物が現れました。この人達は、都の有力貴族に賄賂を贈ったりして、平安時代に土地の私有を認める「墾田永年私財法」が施行された後には「公地公民制」は、一般国民を統治する法典としては機能しなくなりました。

その他、養老律令には規定されていませんでしたが、天皇には秘書官が必要だという事で、養老律令には書いてなかった「蔵人の頭」という、官職も作られました。このような新たな官職は「養老律令にはない」という意味で「令外の官」と呼ばれました。

この「令外の官」は、現実に必要だったから作られた官職なので、それぞれ実務で重きを置くようになりましたが、それでも養老律令は改正されませんでしたので、最初から最後まで「令外の官」でした。

さらに、源頼朝が征夷大将軍という遠征軍の最高司令官の地位に、武家の棟梁という別の意味を付け加えて、鎌倉に幕府を開いてからも養老律令は改正されませんでした。もっとも、鎌倉・室町時代には、まだお公家さんは武家の支配を受けることはなく、お公家さんの地位は養老律令によって保障されていました。

ところが江戸に幕府を開いた徳川家は、その圧倒的な実力でとうとう都の公家が従わなければならない法律を作って押し付けてきました。「禁中並びに公家諸法度」です。

ここに至って養老律令は、「征夷大将軍」という官職と、大名や旗本が欲しがる飾りの官職（○納言・○○守）とが記してあるという事ぐらいでしか用いられなくなりました。それなのに江戸時代二六〇年の間にも、奉られ飾られていたのです。

ところが江戸幕府が瓦解した途端に、国家の統治体制は、再び養老律令の太政官制に戻りました。千百年間も国家の最高法典として奉られていたからなのか、どうかは知りませんが、幕府が瓦解した後で左右大臣とか参議と言う人達が国家を統治する事に対しては、さほどの異議は出なかったようです。

ただ不思議な事に、養老律令は、誰からも無視されて飾られていただけの九百年間には、誰も養老律令を廃止しようとはしなかったのに、現実社会で一部使われるようになると「これではだめだ」ということになり、一八九〇年に「大日本帝国憲法」によって、国家の最高法典の地位を奪われることになったのです。

●日本国憲法（一九四七年～現在）

日本国憲法の第九条には、《戦力》の不保持が明記されています。けれど日本には、世界の第八位の軍事費がかかる自衛隊が存在しています。この言い訳は「自衛隊は、軍隊ではない」ですが、自衛隊は軍艦も戦闘機も戦車も持っているのですから、誰が見ても《戦力》です。ですから外国は、日本は世界八位の軍事大国と判断しているようです。

ただ、日本の多くの憲法学者は、自衛隊は現実に《戦力》なので「憲法違反の存在である」と主張しています。一方で「憲法改正をすべきだ」と主張する人達もいます。と、ここまでの議論は、普通です。

しかし、どうもここからの議論が、日本では摩訶不思議な方向に行きます。

これが普通に論理を尊ぶ国ならば、国論は次のよう二分されるでしょう。

●自衛隊がいらないと思う人は「憲法違反だから、廃止しろ」と主張します。
●自衛隊が必要だと思う人は「憲法を改正しよう」と主張します。

ところが日本では、自衛隊は憲法違反だと主張する憲法学者の多くが、「だから、自衛隊を廃止しろ」とは言いません。また、自衛隊を信頼すると答える日本人が九〇％という大多数であるにもかかわらず、多くの人達が「憲法改正をしよう」とはしません。即ち、日本人の多くの人達が、憲法（＝理論）と、自衛隊の存在（＝現実）が、矛盾していても「まあ、いいや」と放っておく事にしているのです。

私の知人は「憲法を改正した方がいいのかもしれないけれど、『憲法改正反対』に命を懸けている人達が無茶をするかもしれない。成田闘争のようにテロでも起きたら大変だ。そんな無理をしなくても、現実に自衛隊がいてくれるのだから、それでいいじゃないか」と、放っておいた方がいいと言っていました。

「憲法（＝理論）と自衛隊（＝現実）が合わなくてもいいの？」と聞くと、「あっはっは」と笑って「今まで、ずっとそうだったじゃないか」と理論と現実の相違は全く気にならないようでした。

つまり、昔も今も多くの日本人は《現実》がそれなりにうまく回っていれば、最高法典に現実に合わない事が書いてあっても、気にしないで飾っとくという事のようです。

●なぜ日本人は、現実に合わない最高法典を奉って飾っておくのか？

正直申しまして「現実に合わない最高法典を、改正もせず廃止もせずに、そのまま最高法典として放っておける」その心情は、私には理解できません。ただ前述の知人のように「無理をしなくても、現実に自衛隊がいてくれるのだからそれでいいじゃないか」＝「現実がうまくいっているのなら、紙の上に何と書いてあってもいいじゃないか」という認識ではないかと（他に理由が思いつかないので）推測します。

また、時代の現実に合わなくなった権威ある法典を、そのまま奉っている国は日本だけでもありません。英国もまた「マグナカルタ」や「権利の章典」を廃止する事もなく奉っていて、その中の条文で、時代に合わなくなった所に関しては見ない振りをして、必要な所だけを生かすというようなことをしています。

これは日本が長年にわたり、「養老律令」対して取ってきた態度に似ています。ただ英国は「マグナカルタ」や「権利の章典」に書かれている文字ではなくて、そこに込められた国王の権力からの個人の自由という《理念》を今も活用しているのです。

一方日本では、公地公民という養老律令の《理念》は初めの頃に捨ててしまって、中身のない形骸化した養老律令を、活用せずに飾っていたという所は違っています。

なんでなんだろう？　よく解りません。

ただ、日本の歴史を眺めてみると、日本というシステムにおける政治は、正邪善悪を決めない＝理想・理念が無い為に、現実に対して『どうすればいいんだろう』と悩みながらも、『今日の所は争いにならないようにしよう』と一日一日過ごしながら『なるようになるに任せている』ような気がします。

第三章　日本式システムにおける政治

一　日本における現実の政治とは

「十七条の憲法」の統治理論は、「統治者が思いやりの統治を実行して、統治者が民衆の信頼を勝ち得た時に、民衆の協力を得て平穏な統治が実現する」でありますが、現実の政治は理論の通りにうまくゆくものではありません。

現実の社会での政治の現場と言うモノは、結局は「目の前にある食物は誰が食べるのか」「この土地は誰が使えるのか」という分配の問題に答えを出す事だからです。

つまり、生きていくためには、「目の前にある食物は誰が食べるのか」が決まっていないと、食事の度に取り合いの喧嘩になってしまいます。だから人間が共生する普通の社会では「いかにして分配するか」が大体決まっていて、この分配を決めているのが政治なのです。故に、《誰か》は、「自分は損している」という不満を持ちますので、全員が満足してハッピーになる政治はあり得ないのです。

ここで分配の問題を極限まで単純化して、例示してみます。

①「目の前にある食物は誰が食べるのか」分配の問題

独身二十五歳Aと、五人家族を養う五十歳B、二人で協力して畑を耕して、Aの方が若く力があるので三分の二を担当して、十二人分の収穫を得た時の分配方法を考えます。

(1) 働きで分配する。A＝八人分、B＝四人分。Bの家族は、二人飢死する。

(2) Aも仲間の家族が餓え死するのは見たくないので、同じ時間働いたという基準で二人で等分する。A＝六人分、B＝六人分。

(3) 餓死は回避されたが、Aが余分の収入で良い生活をしているのを見ると、Bの家族に不満が生じて、余分の収穫も分配して欲しいという欲求が発生する。A＝四人分、B＝八人分になる。BもBの家族も満足するが、Aは内心不満である。

(4) Aが結婚して四人家族になると、分配問題が再燃する。A＝五人分、B＝七人分で決着する。

(5) ここで、飢え死に寸前のC七十歳がやってくる。見るに見かねてA＝四・五人分、B＝六・五人分、C＝一人分になる。

(6) あそこなら食べられると聞いて、D二十歳もやってくる。だめだとABが言うと、Dは畑を分けてくれれば、自分で食べられると言う。ABは自分たちの畑だという。

②分配の問題の考察

A、B、C、Dは、その時の自分としては「当然」の主張をしています。

誰かが正しく、誰かが間違っていると判断するのは困難です。

このように現実としての分配問題においては、全員にとって「正しい」ことはありえません。人間社会は、分配・生存を廻って、永遠に「悩み」抜いてゆく宿命をもっているのです。皆が自分の立場としては当然の主張をするので、全員が満足する「正しい基準」は、残念ながら存在しません。これが人間社会の現実です。

即ち、基準を決めずに善なる理想の実現を目指さない、日本の政治とは「絶対に答えの出ない問題に対して、暫定数字を当てはめて社会実験をし続ける」事であります。

③全員が満足できる分配方法はない。だから政治の場ではいつも不満がぶつかり合う

現代の政治家は、選挙で当選する為にカッコいい言葉で自分が目指す社会を表現します。しかし、実際に何をやっているかを一言で表現すれば「ある所から取って、自分の生活費を確保した上で、ない所に配るための分配率を決めている」だけです。

ですから、政治家が議会で論戦して押したり引いたりしている政治の実態とは何かといえば、「ある所とは、いくらある所か？」「政治家と行政マンが確保すべき生活費はいくらか？」「ない所とは、収入がいくらまでの所か？」等々、絶対に答えの出ない問題に対して、暫定数字を当てはめて、社会実験をし続けているだけです。

例えば時給千円・年収二百万円余りの非正規の人物は、自分はない所で、年収五百万円の正社員はある所だと考えるかもしれません。一方、年収五百万円の正社員は家のローンが苦しくて、自分はない所だと実感しているかもしれません。（この人物は、世間的には足りている所です）

このように「どこの時点でそこそこ満足感をもって生活できると感じるか」は、人によって違いますので、税金をどう集めてどう配るのかについて、全員が素晴らしいと支持することは絶対にありません。何をしても今より悪くなる人がいますので、この人達が反対

派になるからです。

即ち政治とは「絶対に答えの出ない問題に対して、暫定数字を当てはめて社会実験をし続ける」システムであり、全員が満足できる理想郷は出現しません。

ですから日本型政治の目指す処は、「出来るだけ仲良く、みんなで生き残るためには、この辺が一番妥当だ」という落とし所で、みんなで不満を抑えて納得することです。

二　日本における政治は「理想の実現を目指すものではない」

①『日暮硯』信州真田藩の藩政改革

日本の政治に求められていたのは、理想の実現の旗をふる事ではなく、悪を退治するのでもなく、ただ「みんなで生き残るためには、何が一番妥当か」を提示することだという実例が、『日暮硯』信州真田藩の藩政改革です。

かつての日本のベストセラー『日本人とユダヤ人』のなかで、イザヤ・ベンダサンこと山本七平（以下、イザヤ・ベンダサン）は、信州真田藩の藩政改革に日本人の政治の天才ぶりが表れていると評しています。

この『日暮硯』には、西暦一七五六年頃に財政危機に陥っていた信州真田藩で、名君真田幸弘に藩政立て直しを依頼された　末席家老・恩田木工が「どのようにして藩政を立て直したか」が記されています。『日暮硯』を参考にして、概略を申し述べます。

この頃の真田藩では、幕府・商家からの借財が重くのしかかり、藩士への俸禄を半知御借で半分にしていましたが、それすらも滞りがちになるほどでした。さらに、余裕のある農民には　来年の年貢・再来年の年貢を払えと供出させるようになっていました。

すると何が起こったかといえば、下級藩士は生きながらえる為に、年貢の見分と理由を付けて農村に出かけて、賄賂や饗応で命をつなぐようになります。また、藩士に賄賂として年貢分を取られてしまうので、藩には年貢を納めない農民が現れます。（現場の役人に賄賂を渡しているので、納めなくても目こぼししてもらえるようになるのです）

来年の年貢を納める農民がいても、役人に賄賂を払って納めない農民もいれば、プラスマイナスで藩の収入は増えません。また、下級武士も農民も個人の裁量で収入を確保するようになると、真面目で賄賂が取れない人などの中には生活が破綻する人も出ます。こうして人々の間で不信感が広がり、怒りが渦をまくようになります。

そんな真田藩では、下級武士が家老宅に押し掛けるような騒動が頻発しました。

恩田木工は、この真田藩を「彼なりのやり方」で立て直したのです。

イザヤ・ベンダサンは、この恩田木工の藩政改革は「一見すべてが非常に不合理・不公平でありながら、『すべてはまるくおさまって』おり、あらゆる人がその仁政を絶賛している」と絶賛しています。その絶賛された政治改革を『日本人とユダヤ人』イザヤ・ベンダサン（山本七平）・角川ソフィア文庫より引用いたします。

【当時三十九歳の恩田木工は、その任にあらずと辞退したが許されず、そこでまず、「もし拙者申す儀を『左様ならぬ』と申す者御座候ては相勤まり申さず候間、老分の方を始め諸役人中、拙者申す儀は何事に依らず相背くまじく申す書付相渡され候よう」と全権委任を明確にしてもらい、そのかわり自分の任期を自ら五年と定め、もし失敗あればどんな処分でもうける誓詞をしてこれを引き受けた。このあたりまでは、別に西欧と変わりはない。

ところがこの恩田木工、家に帰ると早々に、今後は一汁一菜のみとし、衣服は新調せず、妻は離婚し、子供は勘当し、親類は義絶し、雇人は全部解雇すると申しわたす。人びとは驚いてその理由を問うと、今後自分は一切「虚言申さない」、しかし「女房始め子供、家来共、親類衆中も虚言申し候ては『木工が　虚言申すまじくとは申せども近き親類始め家内の者、あの通りならば、木工からして合点ゆかず（木工だってあやしいものだ）』と疑い申すべく」これでは改革はできないからであると説明する。

そこで一同は、自分らも一汁一采、一切虚言しないから、今まで通りにしてくれ懇願し、起請してもとのままでいることを許される。

これも、命令支持は朝令暮改せず、言明したとおりに必ず実行するという、人びとの信頼感の獲得のためなら、方法が日本的で非常に面白いという点を除けば、どこの国でも行われたことで、別に珍しいと言うべきではないであろう。

ついで諸役人を集め、今まで「半知御借」などといって給与を全額支払わなかったが（すなわち月給が遅配・欠配していたが）、今後はすべて全額支給する。ただしそのかわり、信賞必罰で「御奉公に粗略これあり候はば」必ず罰する旨言明する。

それが終わると、いよいよ庄屋　長百姓　町方等に「よくもの言う者」をつれて出頭するようふれを出すのである】

『日本人とユダヤ人』では、ここから『日暮硯』の原文になりますが、江戸時代の文章で読みづらいので、私は池波正太郎の『真田騒動―恩田木工』（新潮文庫）からこの場面を引用させて頂きます。『真田騒動―恩田木工』は小説ですが、この場面は『日暮硯』に大筋で忠実ですので、読みやすく解りやすいという意味で採用させて頂きます。

真田幸弘が三年ぶりに松代に帰国したのは六月二十一日である。

家中の祝儀、日見得のことがすむと、木工は廻状をしたためて、今月二十五日領内の村々の代表と町方の代表、それに藩の重職諸役人中の主だった者を本丸の大広間にあつめ、藩主幸弘の出座のもとに施政の方針を発表した。

新藩主の幸弘が、十六歳とはおもえぬ気品のある若々しい風姿を質素な木綿の衣服に包み、厳然と従った執政の、これも木綿姿の恩田木工と静かに大広間に出て来た態度は立派なものであり、ことに町方や村方の者たちにとっては、はじめて幸弘を眼前に見ただけに、強い感動をあたえたらしい。

これら大廊下まであふれた村方の者は、城内へ入ることをゆるされたのが異例のことであり、領民たちの前で施政方針を発表する席上に藩主の出座があった、などということも異例のことである。藩士たちも一様にひきしまった面持ちになったし、村方や町方の者は領民にしめす藩庁の施政の中の良心を感じた。

「いずれも、今日は大儀に存ずる」と、木工が領民の協力を求める挨拶をおこなったときには、期せずして、この新しい藩主と執政に好感を抱かざるを得ないという空気になってきていた。

木工は、信安時代の藩治や、原、田村の施政（今までの失政）については一言もふれず、きびきびと、これからの方針、計画について話をすすめた。

藩主が不利になる言質は一言も与えず、幸弘の領民たちへの深い愛情というものを強調しながら、藩と幕府との関係から国を治めることのむずかしさを、これも幕府への非難ではなく、幕府が大名と共に日本全国を治めることの苦しさを強調して、わかりやすく説き、現在の藩財政の内幕を、かなり打ち割って発表しておいてから、従来、百姓に課していた先納（翌年）、先々納（翌々年）の分までの年貢の取り立てと、町方に課していた御用金や寄付の強制を、今年より、すべて廃止するむねを申し渡した。

大広間の空気がよろこびと不安の入り混じった、低いどよめきでゆれた。

不安というのは、このあとで、どんな難題を持ちかけられるか知れたものではないという領民の疑惑であり、当面の財源を何処から得るのだろう？という藩士たちの不審である。

しかし木工は、説きすすめて行く自分の表情や声が、この席にあつまっている人々の心をつかみ、魅了しつつあることに自信を持ちはじめてきていた。

木工は、先納、先々納の年貢を完納した百姓の努力、御用金を完納した町方の奉仕を賞めあげると共に、巧みに賄賂を使って、当年分の年貢さえ未進している者へは帳簿をつきつけて挑発した。

「過分の年貢さえも差し上げるはたらきのある者の中に、当年分のものまでもおさめず、口をぬぐって知らぬ顔をしているなどとは、いくら憎んでも憎み足らぬやつどもである。役人たちも、何故、この者たちを未進のままに捨て置いたのだ」

木工の、恐ろしい叱責の声が、大広間一杯にひびきわたった。

責任者の郡奉行は、原時代からの成沢新弥だがすくみあがってしまい、出席している代官たちも青くなっている。

今日の木工には今まで家中の者が見たこともない強烈な激しさがあり、薄ら笑いを、はじめは浮かべていた老臣たちも、「狡賢い百姓どもも役人も、わしは憎い。憎くて憎くて八つ裂きにしてもあきたらぬ」と、躰をふるわせながら立ちあがった木工が、広間の天井のあたりを凄まじく睨んだまま、しばらくはうごこうともしないのをみると、（これはとても楯を突くわけにはいかぬ）と、悟ったし、身に覚えのある役人たちは明日からの自分たちに、この新しい執政の、どんな怒りがかたちになってあらわれてくるかをおもい、べっとりと脂汗をかいている。木工は天井を見上げたままだった。

幸弘は、身じろぎもせずに木工の後ろ姿を見入ったままだ。

木工はやがてゆっくりと座り直し、「私がこのように憎み、怒るのも、また理屈というものかもしれぬ」と、領民たちの胸にしみとおるような、あたたかい口調になり、「殿様御手元不如意のことを、よく知りわけて、余分のものまで差し出す者の中に、なお、当年分のものまで差し出せぬというのは、よくよく貧乏の上に不時の災難や長患いの病人などもあってのことであろうな。また役人たちも、これをよく察して、これ以上の取り立てし貧乏な百姓の、百姓つぶれにおよぶものと考えたのであろう。民は国の元と申す。百姓つぶれが、たとえ一軒でもあっては殿様の御本意ではない」と、幸弘に一礼して、また向き直り、「よって、これまでの未進の分は、残らず取り消しにいたす」

木工は、そのかわり今年よりは一粒の未進もゆるさぬと釘を打ってから、藩財政の内幕を先刻説明したよりも、立ち入って説き直し、「そこで相談なのだが…」と、いままで取り立てた余分の年貢や御用金は、全部これを藩の借財にし、余裕の生まれ次第の返済ということにして、今年度からの年貢や租税は従来どおり納めてもらいたいといった。

藩財政の内幕までも割ってくれた執政の真摯な言動は領民たちに国に対する愛情というものをわきあがらせた。

財政の内幕というものは、実際にいって、あまりに滅茶苦茶にすぎ、そのままではとてもはなして聞かせられるものではないのだが、木工は長い間かかって領民たちが納得できるような仕組みに、自分の頭の中へこしらえておいたのである。

木工はまた、賄賂（まいない）を厳禁した。

賄賂の為に村方や町方が消費していたものを刻銘に分解してみせ、この無駄な費用が、これからはまったく不要になることを、しっかりとのみこませた。この費用は馬鹿にならぬものだし、役人たちへの賄賂が通じなくなれば、増屋嘉十郎のように困る者もいるにはいるだろうが、これからは利権を独占することもむずかしくなる、いやできそうもないとさとって、一同は、これからの公平な負担を分け合う心を決めたようだ。

ことに、原八郎五郎とは仲が悪かった八田嘉助などは全面的に賛意を表して、しきりに木工の言葉にうなずいている。

木工は、村方も町方も今日は一応帰った上で、それぞれに領民一同と相談の上、七月一日までに返事を取りまとめ、藩庁へ差し出すよう申しわたした。

「いま私が申し渡したことは、一言一句も嘘をいわぬ覚悟で申したのだ。執政として、この二ケ月、考えぬき、調べぬいた上でのことなのだが、これは殿様の深い思ししめしの上に立ち、われらも領民も心を合せ、真田十万石を立て直したいという決心を固めた上での御政道である」

領民の代表、二百数十名は、いそいそと城を下がって行った

イザヤ・ベンダサンは、この恩田木工の藩政改革は「一見すべてが非常に不合理・不公平である」と述べましたが、その通りです。年貢の未進をそのまま認めて取り立てない一方で、先納、先々納の年貢をした百姓の努力を認めても、今すぐは返さないと言っているのです。

つまり木工は、貸金の取り立てをしないが、借りた金も今すぐ返さないと言ったのです。これでは、年貢を納めた者が損をして、納めなかった者が得をしてしまいます。

しかし、それでも損をするはずの先納、先々納をした農民たちもこの施策を受け入れて、真田藩の藩政改革は軌道に乗ってゆきました。

これは一体なぜでしょうか?

それは、みんなが以前より、少しは良くなるからです。

まず先納、先々納をした百姓は、自分から藩に余分に納めたいと思っていた訳ではなく、役人に頼まれて致し方なく納めていたのです。中には脅し取られる場合もあったかもしれません。それが、これからは当年分だけを納めれば良くなります。つまり、今までの「際限もなく取られるだけの状況」から、「損きりさえすれば状況が改善する」ので変化を歓迎したのです。

そして役人に賄賂を渡して年貢を納めていなかった百姓はといえば、未進文が棒引きになるのですから、願ったりかなったりです。また年貢を目こぼしして貰って賄賂を払うシステムで、年貢と賄賂とどちらが得するかといえば、長くやっていると賄賂の方が得だとばかりは言えなくなります。役人からの賄賂の請求も増えてきますし、賄賂の額で折り合えないと「給っている年貢を払わせる」と役人に脅されることになります。つまりこの人達は、賄賂でも年貢でも払うことには変わりはない。そして「安心して暮らせる上に、罪悪感も持たなくていい」と、いい事ずくめなので農民は変化を歓迎します。

そして今まで生活の為に百姓に賄賂を請求していた藩士たちは、俸禄が全部貰えるようになれば、「これからは賄賂を取りに行くな」と命令されても従います。元々良い事ではないと解っていながら、背に腹は代えられずに賄賂の収集に励んでいた人もいるでしょうから、賄賂を取れないという事を受け入れます。

さらに、木工は目安箱を設けて、今までの藩士の悪行を投げ入れさせましたが、悪事の限りを尽くしていた藩士たちを捕らえて処分する事はしませんでした。つまり、今までのことはすべてなかったことにしたのです。これに対してなぜ悪人を切腹させないのかと問われて、「人は良き人が使えば良くなり、悪き人が使えば悪くなる」として、悪事を働ける知恵を良き政治をする為に使ってもらえばいいと答えたそうです。

即ち木工は、悪い事をした人間は悪人だとは考えずに、悪業と人間を分けて認識していたという事です。というか、俸禄が貰えなくても飢え死にしなかった藩士たちは、多かれ少なかれ賄賂をもらうなりの悪事に手を染めていたはずです。だから、沢山賄賂を集めていた武士だけを処罰するのは不公平であるとも言えます。ですから、「今までのことはすべて水に流す。けれど、これからは許さない」を徹底させることで、少しは賄賂を貰っていた多数派の人達が安心できるようにしたのだと思います。

結局のところ、信州真田藩での恩田木工の藩政改革は、何か特別の事をしたわけではありません。しかし、賄賂が横行して一部商人だけが潤い、武士も百姓も、そして藩主までもが困窮するという状態から脱却しました。

この状態は、次の三点の変化によってもたらされました。

●武士は俸禄を貰えるようになったため「賄賂を貰うのはやめよう」と自分で決心して行動を変えた事。

●百姓は「賄賂を払って年貢を少なくしよう」と考えなくなり、その代わりに「年貢を納めよう」と自分で決心して行動を変えた事。

●一部の商人が藩の商売を独占しようとして、上級武士に賄賂を払いたいと思っても担当武士が受け取らなくなったなどにより、商人自身が「賄賂を払うのはやめよう」と決心して行動を変えた事。

恩田木工の成功は、皆で理想を実現しようでもなく、悪人を抹殺しようでもなく、「皆が良くなるためには、賄賂を払わない方がいい、賄賂を受け取らない方がいい」と藩士農民が納得して、彼らが自主的に行動変容を起こすことによって実現しました。

つまり「**悪い状況は全員で作り出しているので、全員で一斉に行動を変えよう**」という提案が、皆の心を動かして行動が変化した事で、藩政改革が成功したのです。

賄賂を貰った人だけを悪人として罰しても、次に抜擢された人が同じように賄賂を貰えば状況は変わりません。だから、賄賂が横行していたのは、貰う人がいて、払う人がいて、見過ごしにしていた人がいる。全員が賄賂を容認していたから、悪い状況になっていたのだから、全員で行動を変えなければ状況は改善しない。だから「全員で行動を変えて、幸せになろう」というのが、恩田木工の言いたかったことだと思います。

日本型政治とは、絶対に答えの出ない問題に対して暫定数字を当てはめて社会実験をし続けるシステムでありますので、常に古い問題も新しい問題も内在している中で、「今どうしようか」と話し合い「出来るだけ仲良く、みんなで生き残るためには、今はこの辺が一番妥当だ」という落とし所で、みんなで不満を抑えて納得することなのです。

理念も理想もない、ただこの現実の中で「今どうしたら、より良くなるだろうか」と考えるのが、日本の政治の基本です。

三　フランスで「理想の実現を目指した、革命の顛末」

イザヤ・ベンダサンは、信州真田藩の藩政改革に日本人の政治の天才ぶりが表れていると評しています。それは、信州真田藩と同様の事態に陥ると外国でも様々な改革が試みられますが、外国ではすべてが丸く収まって改革されることがあまりないからです。

外国では、多くの場合で流血の騒ぎが起きます。

これは、「悪い状況は全員で作り出している」と考えずに、「○○が悪いから、悪い状況になっている」と状況を受け止めて、「悪い○○を排除すれば状況が良くなる」と判断し、「悪い○○を粛清する」という行動を選択するので、流血の騒ぎになるのです。

しかし、「悪い状況は全員で作り出している」ので、○○だけを粛清しても状況は良くなりません。だから、結局悪い状況は続いてゆくのです。

こういった、外国の状況からすれば、確かに日本人は政治の天才かもしれません。

それでは、「誰かを悪者にして、悪者を排除すれば状況は良くなる」と考えたために、最悪の状況になったフランス革命の様子を観察します。

①フランス革命の顛末

フランス革命では、自由・平等・博愛の精神を旗印にして、「今の世が悪いのは、社会の強者である国王と貴族のせいだ」と判断して「悪い国王と貴族」を倒しました。

即ち、革命が発生して、かつての善なる弱者が社会的強者になりました。この時、新しい社会的強者が　そのまま《善》であれば、強者も《善》で、強者になれず弱者のままだった人々も《善》のままですから、強者も弱者も《善》の『イエス・キリストの博愛の社会』になるはずでした。

けれど、なぜか、《善》であるはずのかつての弱者は、《悪》であるはずのかつての強者以上の大虐殺を行ったのです。これは、ロシア革命でも、中国の共産主義革命でも同じです。理論上から行けば不思議な事ですので、何でこんなことになるのか、順を追って考えます。

●理想を掲げた第一革命は、結局復讐劇になった

（革命前夜）教会と神に選ばれた国王への信頼の揺らぎが、社会の中で、広まっていた。

（革命の勃発）絶対王政化のフランスで、虐げられていた弱者と、それに同情する啓蒙

主義者が、フランス革命を起こした。

（革命の成功　第一共和政） 弱者の怒りが爆発して、革命政権が急進化。革命を一緒に始めた啓蒙主義者も含めて、旧支配者階級を殲滅して、第一共和制にする。


この段階で《善》であるはずのかつての弱者は、かつての《悪い》強者以上の大虐殺を行いました。つまり、この革命は　復讐劇になりました。

なぜ復讐劇になったのかといえば、かつての弱者が強者となったら「悪の強者」に変身してしまったからです。


フランス革命では、フィヤン派（上流階級）ジロンド派（中産階級）ジャコバン派（下層階級）の三派が協力して王権を倒しました。

尚、これ以後のフランス革命については『粛清で読み解く世界史』神野正史著・辰巳出版より引用させていただきます。

その後、まずはフィヤン派（上流階級支持）が実権を握りましたが、彼らは自らが政権を担当した途端に反動化し、市民を虐殺しはじめた。ため市民からの支持は一気に急落、まもなくジロンド派（中産階級支持）に政権が交代します。

ところが…市民が王朝を懐かしむようになるほど、政治・経済・社会はどんどん悪化の一途。そのうえ、当時のフランスは…八方を取り囲まれて交戦中だというのに、国内では…大規模な農民叛乱が勃発…もはや革命政府はほとんど機能不全を起こしているというのに、当のジロンド派議員たちはただただ私腹を肥やすことに汲々として無為無策。

こうした情勢の中、野党・ジャコバンからの追求に対して放った、ジロンド議員の言葉は市民を唖然とさせました。「嵐が過ぎ去るまで、ただ待つのみ！」

なんと、この国家存亡の機において「何の策も講じない」と宣言したのです。

フランス革命では「王侯貴族が市民から税金を搾り取って贅沢三昧をしていたことを、許せない」から、革命を起こして王侯貴族を倒しました。

その後、新しい権力者が、自由・平等・博愛の精神で政治を行えば、革命が達成された事になります。しかし、革命家が「王侯貴族を倒したから今度は自分が、市民から税金を搾り取って贅沢三昧をしよう」と考えるならば、革命を起こした理由は「権力の強奪」に過ぎなかったことになります。

つまり、実際の行動に現れたフィヤン派・ジロンド派の革命家たちの精神は「王様が自分から税金を取って贅沢しているのは許せない。王様を倒して自分が贅沢してやる」に帰結しましたので、フランス第一革命は、結局復讐劇となったのでした。

しかし、革命はこれで終わりませんでした。

ジャコバン派（下層階級支持）が、革命の最後の砦として政権を取ったのでした。

幸か不幸が、このタイミングで実権を握ったM・F・ロベスピエールは、これまでの革命派の政治家とは一味もふた味も違う人物でした。

彼はもともと弁護士出身の教養人でしたから法の専門家。…

性格はたいへん純粋で清廉潔白、超が付くほどの生真面目。…

実権を握ったあとも気を緩めるどころか、

「我々がほんとうにこの事業を完成させるためには、これから寝食を忘れて働かねばならない！」…引き締めているほどで、いっさいの賄賂も受け取らずに革命以前の質素な生活をつづけ、原理原則を重んじて粛々と政務に邁進する、そんな人物でした。

…

　これでようやく頓挫していた革命もトントン拍子に動き始める—かと思われました。ところが、彼が生み出したのは、皆が震え上がる「恐怖政治」だったのです。ロベスピエールは、かねてより自分の中で温めていた理想をつぎつぎと現実に適用してゆきました。

　まずは、自分の理想社会を織り込んだ「1793年憲法」の公布。

　つぎに、貧農の救済のため、「封建的特権の無償廃止」を宣言。

　そして、異常な物価高騰を抑えるため、「全最高価格令」を発布。

しかし、…彼の理想はことごとく裏目、裏目。社会・経済はジロンドのとき以上に悪化の一途をたどり、市民は怨嗟の声を上げます。…ロベスピエールは自分の理想を政策に反映させるたびに政情がどんどん悪化していくことに苛立ちを覚え、その失敗の原因が「己の無能」故とは夢にも思わず、「反革命分子が私の理想を妨害しようとしているからだ」と決めつけて「恐怖政治」と呼ばれることになる大粛清を始めたのです。（人々が次々に断頭台にかけられました）

１７９３年10月かのマリー・アントワネット。

ジロンド派の領袖ブリッソー

王族でありながら常に革命派に媚びを売り続けたオルレアン平等公

「ジロンドの女王」といわれたロラン夫人

革命派初期の指導者バイイ

フィヤン派の領袖バルナーヴ…

やがて外敵がいなくなっても粛清は終わることなく、今度はその矛先が内に向かう

…

同士であるはずのジャコバン派の左派の領袖エーベル、右派の領袖ダントンも断頭台に送られました。そして、終には、粛清の矛先はロベスピエール本人に向いたのでした。

恐怖政治は1年と保たずに崩壊しましたが、その間フランス全土で６０万〜８０万もの人々が処刑され、…天下国家のためを想って政治家になった者はほとんど恐怖政

治で死滅してしまいました。このため、フランス政治はもはや政治ではなく「分取り合戦」と化して、革命家のA・マチェもこう述べています。

政治家が政治屋に乗っ取られた。

国家的人物はすべて死んだ。

後継者どもは国家をも犠牲にして、私腹を肥やすことに奔走している。

こんな者どもに荒れ果てた国家を再興する力などあるはずもなく、物価は狂乱し、経済は紊乱する一方。市民の怨嗟の声は天を渦巻きます。

ロベスピエールの時代には「血」は流れたが「パン」はあった。

今は「血」が流れなくなったが「パン」がない。

パンを手に入れるためには血が必要なのだ。

こうして各地で叛乱、クーデター騒ぎが相次ぎましたが、市民ももはやこの混沌と化した無秩序な社会を誰に託したらよいのかわからず、途方に暮れてしまいます。

もはや、「善悪も正邪も解らない」、ただ生きるための「万人の万人に対する闘い」の世界となり果てたフランスで、市民は混乱を収束させる強い指導者を求めました。そしてナポレオンを皇帝に選出したのです。

そもそも、フランス革命は、「絶対王政」を倒して世の中をより良くしようとしたものです。なのに、その結果、血で血を洗うような「革命三昧の十年」を経て、ようやく革命が終わったと思ったら、ほどなく絶対王政も顔負けの独裁国家・ナポレオン帝国が生まれ、以後「戦争三昧の十五年」の中に叩き込まれました。

市民の溜息が聞こえてくるようです。

【何のための「革命１０年」だったのか】

②フランス革命の後の理想の実現に向けた歩み

フランスの第一革命では、政治が混乱を極めました。自由・平等・博愛の理想の実現ができないだけでなく、民主政治の根幹となる選挙制度も安定しませんでした。

●フランス革命期の選挙制度の変遷

一七九一年憲法

フランスで初めて選挙による議員を選出して、議会が創られることになりました。但し、この選挙は財産による制限選挙でありました。

一七九二年　議会

男子普通選挙が議決され、九月に選挙が実施され国民公会が成立しました。

一七九三年憲法（ジャコバン憲法）

「普通選挙制」が規定されたが、あまりに先鋭的な憲法なので、この憲法の施行が停止されている内にジャコバン派が失脚し、この憲法は結局施行されませんでした。

一七九五年憲法

ジャコバン派が追放されたので、男性納税者のみが有権者の制限選挙に戻されました。

●フランス革命後の政治体制

王政復古　ブルボン朝

ナポレオン第一帝政と・対外戦争の敗北の後に、王政復古で、旧体制に戻ります。

しかし、一度解放された人々は、国王の権力にも教会の権力にも盲目的に従うことはありませんでしたので、統治は不安定でした。

王家の変更　オルレアン朝

そんな中で、絶対王政に戻すことを試みるブルボン家の国王を退位させ、啓蒙主義思考の伝統をもつオルレアン家の国王を擁立します。しかし、.この国王も即位すると、どうも資産家を優遇しているようなので、たちまち人気が落ちてしまいます。

再びの革命　第二共和政

一八四八年二月革命によって、王政が再度否定され、第二共和制になります。

しかし、当初は協力し合っていた、ブルジュワと社会主義者が対立し混乱が続きます。

再びの革命の挫折による　第二帝政

一八五二年、混乱に嫌気がさした人達に支持されて、ナポレオン三世による第二帝政が始まります。

戦争間敗北による　政変　第三共和政

普仏戦争の敗北の後に、ナポレオン三世が退位して、第三共和政が始まります。

尚、第三共和政は、ナチス・ドイツに敗北して一九四〇年に終わります。

戦争による　政変　第四共和政

戦後一九四六年から第四共和政。但しこの制度は、大統領権限が限定的であり、政治的に安定しなかったため、憲法を改正して、一九五八年からは、第五共和制になって現在にいたります。

現在は　第五共和政

このように　フランスではなんとも目まぐるしく、政治体制が変わっていますが、私は政治体制がコロコロ変わったのは、啓蒙主義の「自由・平等・博愛」という言葉が、人々の心に染み込んで、人々の行動が変わるまでに、フランス革命から一九五八年まで百八十年がかかったのだと思います。

③フランス革命の理想の実現に百八十年を要した訳

フランス革命を当初主導した上流階級の啓蒙主義は「自由・平等・博愛」という言葉を語ったかもしれないけれど、「自由・平等・博愛」の行動をしませんでした。そして「自由・平等・博愛」を素晴らしいと指示した商人も民衆も、「自由・平等・博愛」の行動をしなかったのです。

具体的に言えば、フランス革命で政権を取った人達は自分の懐を満たす為に賄賂を受け取り、商人も民衆も自分の意向通りに権力者を動かすために賄賂を払ったのです。

つまりフランス革命は言葉の宣伝だけで、人々は行動を変えなかった。だから、フランス社会はめちゃめちゃになったのです。


「自由・平等・博愛」の民主政治が成り立つためには、選挙で選出された議員が定めた法律を前にした時に、人々が自分の欲望を自制する必要があります。

「賄賂禁止法」があれば、政治家は「賄賂を差し出された時に、受け取りたくても受け取らない」という行動をする必要があります。商人も「賄賂を払って国家と有利な契約を結びたいと思っても、賄賂を払わない」という行動をする必要があります。

民主的法治国家が安定する為には、国民が自分の心に浮かぶ願望が法律に違反する時には、自分の願望を押し殺して、法律に従う行動をする必要があります。また国民は、法律違反をして警察が逮捕に来た時に武力で抵抗しない事と、裁判で有罪となり刑務所に行きを命じられれば抵抗せずに刑務所に行く事が求められます。

即ち、法律の前に国民が武力闘争を放棄した時に、「自由・平等・博愛」の民主的法治の政治が成り立つのであります。

絶対王政下のフランスでは、人々は「神に認められた王様には、従わなければならない」と王権の前に自分の願望を自制していました。（王様に逆らうと投獄されるという、強圧的な警察力を前に、自分の願望を自制していましたとも言えます）

ですから、革命前のフランスの《基準》は「神に認められた王様」でした。

ところが、フランス革命によって、人々に自制をしいていた《基準》がなくなってしまったのです。すると、人々は自分の欲望のままに振舞い出したのです。

こうして、万人の万人による闘争の世界となり、争いに疲れた人々はナポレオン皇帝の武力によって社会の平穏が戻る事を容認したのです。しかし、征服者のナポレオン皇帝はフランス一国の武力平定で満足しませんでした。フランス国民はこの為に《全ヨーロッパの征服》というナポレオン皇帝の夢に付き合わされることになりました。そしてフランスは戦いに明け暮れて、最後に敗北しました。

この時フランス国民は、精も根も尽き果てていて、再び「神に認められた王様には従わなければならない」としても、平和に暮らしたいと思ったのではないかと思います。しかし一度「王様に従わなくても良い」という解放感を味わった人々は、もう無条件に王様に従う気にはなれなかったので、王様を取り換えてみたり、もう一度共和制にしたり、ナポレオンの甥を指導者にしてみたりと、どうすればいいのかと試行錯誤をしていたのだと思います。

そうして色々とやってみている間に、第一次第二次の世界大戦も経験して、多くのフランス国民が法律の前に武力闘争を放棄するようになり、「自由・平等・博愛」の民主政治が成立したのであります。

別の言い方をすれば、二世紀近い政治の動乱の中で、結局は、フランスの政治権力者のすべてが国民の不満によって放逐されてきた事から、フランスの政治権力者は「国民の気に入る政策を実現させなくては、政治権力を握っていられない」と学習したのだと思います。すると国民に我慢が出来る程度の政治が実現するので、フランス国民は法律の前に自制する事にしたのだろうと思います。

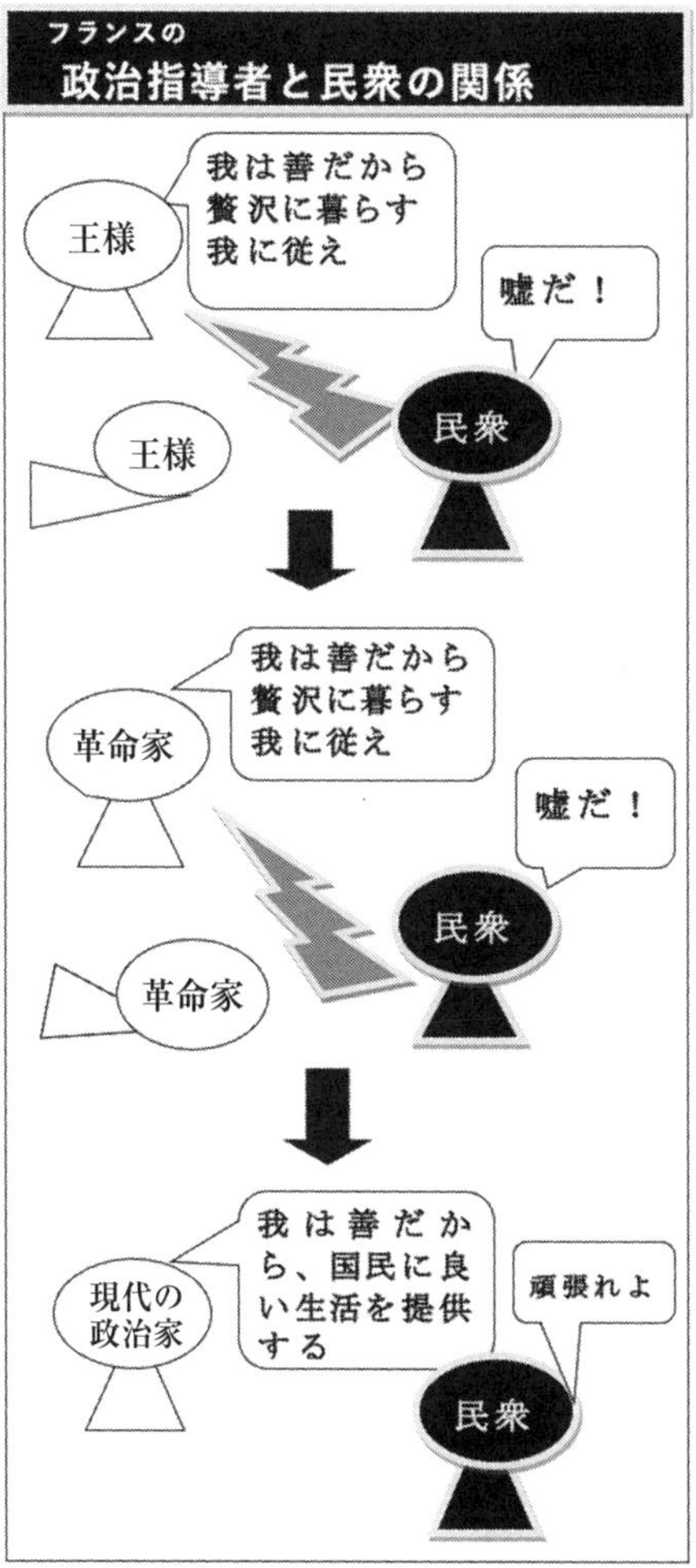
フランスの
政治指導者と民衆の関係
王様
我は善だから
贅沢に暮らす
我に従え
嘘だ！
民衆
王様
革命家
我は善だから
贅沢に暮らす
我に従え
嘘だ！
民衆
革命家
現代の
政治家
我は善だから、国民に良い生活を提供する
頑張れよ
民衆

●日本の政治システムのまとめ（キリスト教文明などの、他文明のシステムの違い）

「和を以て貴しとなす」日本型システムは、「皆が良ければそれでいいやと、なるように任せる」システムです。現実の中で何か困ったことが起きれば「困った。困った。困ったぞと一年～三年～十年と困り続けていけば、いつの間にか『なるようになる』ことも『なるようにはならない』事もあるけれど、とにかく平穏無事に時は流れる」というのが、いつもの日本の時間の流れ方になっているのです。

この日本の政治の在り方は、《理念による理想＝目標》をまず決めて、理想に向かって進む外国の政治の進め方とは違っています。例えばフランスではフランス革命で理想・理念をかかげて、百八十年かけて程々理念を実現させせました。

一方で、日本では明治維新で欧米の政治システムを取り入れましたが、その理念の方は取り入れませんでした。和魂洋才のスローガンの元に、形だけ真似したのです。

戦後になってもこれは同じです。表向きは、自由・平等・基本的人権の尊重・平和主義の日本国憲法の理念を取り入れているような恰好をしていますが、現在日本の根底にあるのは「十七条の憲法」であり、欧米の理念ではありません。

日本の自由は「人、皆、心あり」で、平等は「人、皆、凡人たり」で、基本的人権の尊重は「思いやりをもって」であり、平和主義は「和を以て貴しとなす」であります。日本国憲法に書かれた《理念》が日本社会にピタッときているように見えるのは、「十七条の憲法」の《教え》に酷似していたからです。

ただ、日本古来の自由と平等は、元々人間が自由で平等に生まれついているという自然現象であって、獲得した権利ではありません。また基本的人権の尊重・平和主義も理念ではなくて「思いやりをもって、和を尊ぶ」という現実の中での努力目標です。

「十七条の憲法」の教えは、理念ではなくて、現実のその時その場で、仲良くする方法を考えようという《教え》なので、日本には理想も理念もないのです。

もっとも「十七条の憲法」は「物事の正邪は誰にも決めることはできない」と言っているのですから、絶対善も絶対正もない、理想も理念もないのは当たり前ではあります。

日本に《基準》が無い＝理想・理念は個人のモノだという事は、理念・正義の名において集団化すれば、同じ理念を共有しない人が共生できなくなるからです。

簡単に言えば「心の自由な人達が、皆で仲良く暮らそうとすれば、その集団は理想・理念を持ってはいけない」のであります。立場が変われば意見も変わります。だから、全員が共有できる理想はありませんので、理想を追えば誰かを粛清・追放しなくてはならなくなるのです。この為に、皆で仲良く暮らすことを目標にした日本には《基準》はできませんでした。日本文明としての理念も正義もありません。

その結果、欧米の政治を形だけ真似している現代日本政治は、一見欧米と同じに見えますが実は全然違うモノになっているのです。

四　日本型システムの弱点

①日本型システムの政治では、手順が決まっていないと早く動けない

　日本では意見が集約するまでのんびり待たないで何かを早くやろうとすると、声の大きな人達に振り回されたり、「こうしたらいい」「いや違う」と、皆で自分の意見を言い合うので、早くやろうとしても出来ない事になります。

　今回のコロナ禍で、国民へのワクチン接種が英米に比べて異様に遅かったのは、政治の形は欧米の真似をしていても、その中身は日本型システムだったからです。

　理念・目標が無い中で、いつも目の前の現実に対応している日本の政治は「理想とする目的に向かって進む」のではなくて「手順に従ってやる」方式です。

　いつものことならこれでも問題はありませんが、未だかつて経験した事のない危機の時には、手順が決まっていませんので「手順に従ってやる」事が出来ません。だから、「手順が無い。どうすればいいのだ」と、皆で混乱する事になります。

　危機が発生すると、日本人は「被害を最小にする為にみんなで頑張ろう」と、精神的には一致団結します。しかし「では、どういう手順でやるのか」で揉めてしまうのです。そして往々にして、いつもの手順と違うと現場の方がイライラします。最初からうまくい

く事ばかりではないので、怒り出す人もいます。すると仲良くするのが第一なので、現場の怒りを鎮めるためには「手順が決まるまでは待っている事になるのです。しかも、そんな中でも少なくない人達が、自分のいつもの手順をできるだけ守ろうとします。

即ち、日本国のワクチン接種が先進国としてはあり得ない程に遅れたという状況は、日本人の多数派が、「早くワクチン接種ができたらいいな」と思っていても、では「どうやってやるのか」という手順を決める為に揉めに揉めてしまって、関係者全員で「早くワクチン接種が出来ない」状況を作り出したのです。

結果、日本に到着しているワクチン三千万回分の内　国民に接種されたワクチンは六百七十万回分。つまり、「二千四百三十万回分のワクチンは、どこかにしまってある」という不思議な現実が現れるのです。（二〇二一年五月十八日「ＮＨＫのニュース９」）

一方でアメリカは「これが善だ」と決まったら、全員で善に向かって走る国です。だから、ワクチン接種を遅らせる意見をいうと、悪者として粛清されます。だから、みんなで接種を遅らせる障害物を排除して、素早いワクチン接種を実現できるのです。

②日本でワクチン接種が遅れた理由　その一　接種の手順が決まっていなかった

　医療従事者の接種は二月十七日に全国でスタートした。ファイザー製は零下七十五度前後で保管し、二〜八度の通常の冷蔵に移してから五日内に接種しなくてはならないため、周到な段取りが求められる。

　福岡県は五十六病院を基本型に、六百十八病院などを連携型に指定。県が業務委託した福岡市の広告代理店が地域の医療従事者の接種希望をまとめ、連携型と接種日程を調整し、基本型からの移送を手配する段取りだった。ところが二回目まで終えたのは（五月）七日現在、約五万二千人で、希望者約二十一万人の二十五％にすぎない。

　県によると、委託を受けた広告代理店の情報集約、手配業務が追い付かずワクチンの行き場が決まらないままになっているのが原因という。「みんな首を長くして待っているのに、大量のワクチンが放置されたまま『第四波』に入ってしまった。歯がゆく、情けない」。コロナ患者を受け入れている福岡市の拠点病院の医師が本紙「あなたの特命取材班」に訴えた。

　自身や同僚の接種は終えた。地元の中小病院やクリニックの医師や看護師、薬局の薬剤師、消防署の救急隊員用のワクチン約四千回分は、四月中旬から冷凍庫に保管されたまま。委託業者から一向に連絡がないため業を煮やし、電話をかけてもつながらないという。

同市の別の拠点病院でも、四月上旬から中小病院向けの約七千回分を保管。連絡待ちの状態という。「医療機関のクラスター（感染者集団）を防ぐためにも一刻も早く打つ必要があるのだが」

こうした状況を受けて県は（五月）十日、急きょ段取りを変更。

委託業者ではなく連携型施設が、それぞれ地元の医療従事者の接種希望をまとめ、必要なワクチン量や接種日を委託業者にファクスで連絡し、移送してもらう手順に変えた。

対応に追われているのは連携型施設だ。

同県久留米市の中規模病院は十三日、クリニックや薬局など約八十カ所に片っ端から電話して希望を聞き取り、週末の二十二・二十三日に約四百人に接種することに決めた。「ぎりぎりになって丸投げされた印象だ」と院長は憤る。

平田泰彦福岡市医師会長は、高齢者の集団接種に携わるのに自身の接種ができていない医師もいるとして「今打っても抗体ができるのは五週間先。接種開始から三カ月たつのに今まで何をやっていたのか、県は検証してほしい」と求める。

県の担当者は「接種希望の把握に想定以上に手間取り、業務が滞ったと業者から聞いている。こちらの事前準備が不足していたと言われても仕方がない。何とか五月末までに1回目を打てるようにしたい」と釈明している。

二〇二一年五月十六日【株式会社西日本新聞社】（下崎千加）より引用。

「一刻も早くワクチン接種を進めよう」という日本全体の空気からすると、福岡県の担当者のやったことは「変」です。まるで、ワクチン接種を遅らせようとしているようではありませんか。しかし私はこう推測します。

県の担当者は、初めてのことでどうやったらいいか解らなかった。そこに、民間業者が「私共が接種順の名簿を作ります。病院さんにその名簿順で接種して貰えばいいです」と営業に来たので、民間業者に依頼した。そして自分の責任を果たしたと信じた。

しかし、民間業者は名簿を素早く作る事が出来なかった為に、ワクチンが届いた拠点病院では「地元の医療関係者に接種したい」とじりじりしながら、時間だけが一ケ月半も過ぎてしまった。

ここで一番おかしいのは県の担当者です。民間業者に依頼しても、その進捗業況を確認して円滑なワクチン接種が出来ているのか確認するべきであったのです。

また拠点病院の方も、ワクチンが届いたのに名簿が来ないと、県に抗議してもっと早く自分で動くのが普通のような気がします。電話をかけてもつながらなくても、拠点病院の立場ならば、知事室に電話する事もできるし、県議会議員に訴える事もできるし、新聞記者を呼ぶ事だってできたと思います。

しかし、拠点病院は動かなかった。つまり「これは、どう考えてもおかしい」という事に対して、日本人はすぐに動かずに「様子を見よう」と待ってしまいます。その待つ日は一日か二日位はじりじりしていても、三日も経つと待つことに慣れて、あっという間に一ケ月たってしまうのです。

私は、この福岡県と似たようなことが日本全国で起きていたから、ワクチンは六百七十万回しか接種されずに、二千四百三十万回分のワクチンがどこかにしまってあることになったのだと推測します。

ですから、ワクチン接種が日本で早くできなかった最も大きな理由は、「ワクチン接種を誰がどのようにやるかという、その《手順》が決まっていなかった」からです。何しろ名簿など無くても拠点病院が電話をかけまくれば、ワクチン接種は進むのですから、《手順》さえ決まっていれば、ワクチン接種は素早くできたはずです。

福岡県の例でいけば、次のパンデミックには医療関係者のワクチン接種は「拠点病院が頑張る」という事になるかもしれません。

③日本でワクチン接種が遅れた理由　その二　国会が必要な立法をしなかった

日本でコロナワクチンの認可が遅れた理由は、国会議員が「自分達は立法できる」という事を忘れていたからでもあります。

日本には「危機の時には、外国での承認を参考に素早く薬事承認できる」という法律はありませんので、本来は、厚労省の官僚にはコロナワクチンのすばやい承認はできません。

故に、今回のような危機の時には、国会が「他国での治験を尊重して、○○社製のコロナワクチンは、本人が希望し医師が同意すれば接種できる」と立法すべきであります。

けれどなぜか日本人の国会議員は、自分達で立法せずに、厚労省の官僚に薬事承認を出させようとしました。この為に、本来は出来ないけれど、数年かかる《手順》を形だけさらって、数ケ月かけて厚労省の官僚が薬事承認したのです。

国会がやれば、午前中に衆議院本会議を開いて採決、午後から参議院本会議を開いて採決で、一日で「コロナワクチンの希望者接種許可法」が出来ます。

この方法は、立法と行政の役割分担にも合致した正攻法のやり方です。

しかし日本ではそうはならなかった。

だから私は、国会議員が「自分達が立法すれば、ワクチンはすぐ承認できる」という事を忘れたから、コロナワクチンの薬事承認が遅れたのだと考えます。

「なぜ国会が立法することを忘れた」のかといえば、いつもやっていないからです。

現実に、今の日本の国会は、《立法府》ではなくて《承認府》になっています。

ＮＨＫの予算委員会を見れば解りますが、日本の国会は「まるで記者会見」です。

国会は法律を作ったり改正したりする所で、質問する所ではありませんが、日本の国会議員は質問ばかりしています。

「賛成だ」「反対だ」「こう変えた方がいい・悪い」といって討論するのが、本来の国会の在り方だと考える私には、「なぜ、国会で記者会見の真似事をやっているか？」不思議でたまりません。もっとも、議員が質問するので《議員会見》かもしれません。

こうして、国会で《議員会見》ばかりやっているので、「国会議員が、自分達の役割は質問することだと勘違いして立法する事を忘れたので、コロナ禍の中でも立法しようと思わなかった」のではないかと、私は推測しています。

もっとも、なぜ国会議員が質問するのかといえば、国会には、行政府から発議された予算案や、行政上で行政府が必要と思って提出される法案に関しては、審議して通す通さないを決める《承認府》としての役割も、元々あるからです。

ですから、法律の作り方は二通りあります。

国会議員が、国会に法案を提出して、自分達で討議して、国会が立法するかしないか採決する方法。そして今一つは国会議員が内閣と行政官僚に法案を作ってもらって、内閣に国会に法案を提出してもらい、自分達は内閣に質問して、法律を国会が承認するかしないか採決する方法です。

現在日本の国会では、殆どの法案が行政府から発議される、行政法案です。もっとも与党議員からすれば、内閣から法案を発議して貰えば、内閣が野党議員から質問攻めにあってくれます。そして自分達はただ質問していればいい事になります。つまり（その方が楽だから）自分達で国会に法案を提出しないのかもしれません。

一方で、野党の議員も国会に法案を提出しないので、今の日本では野党議員の意向は法律に反映されない状態になっています。野党だからこそ、多数の国民が望む良い法案を国会に発議して支持を訴えることが、（法案が否決されても）次の選挙で勝利を呼び込む為の何よりの選挙運動だと思うのですが、なぜか日本の野党は国会に法案を提出せずに、内閣が出した法案に対して質問ばかりしています。

こういった国会議員の行動は、私は「不思議だ」と感じるのですが、マスコミも含めて日本の世論では「変だ。不思議だ」という意見は出ません。

日本の面白い所ですが、この前はこうやったという前例があって、その前例で問題が発生しなければ、いつしか「そのやり方で良い」という事になります。

故に、今となっては、日本の多くの国会議員は、「自分が望む法律の正しい作り方は、自民党の政務調査会と担当する行政官庁と首相と大臣に陳情を繰り返して、行政官庁に法案を作ってもらって、首相と大臣にえげつない質問に我慢してもらう事だ」と、勘違いしているかもしれません。

この前も、内閣から国会に提出されて法律が出来ている。その前も内閣から国会提出されて法律が出来ている。ずっとそうやって法律は出来ていた。だから、立法府議員が法案を提出する方が普通じゃない。普通じゃない事はとてもできないから、立法府議員が立法するなんてできないのだ、と議員は感じるのかもしれません。

このコロナ禍の最中に、よく政治家は「これこれこういう法律があるからできない」ということを言いました。これは極めて不思議な発言だと、私は感じました。なぜなら法律を作ったり改正したりするのが、国会議員（立法府議員）の仕事であるからです。

「こうしたいけれど、法律があるから（ないから）できない」と国会議員でもある首相

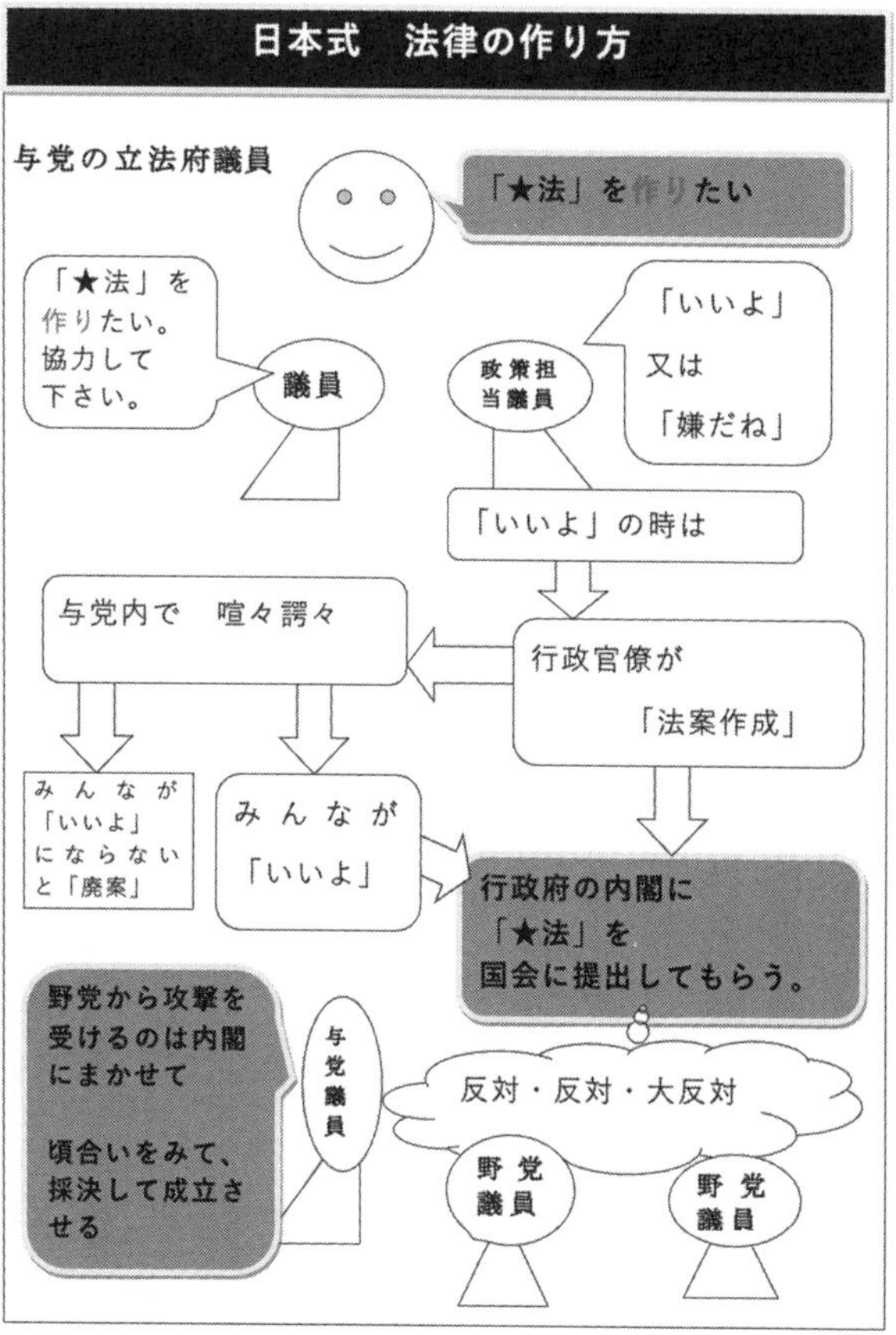
日本式　法律の作り方
与党の立法府議員
「★法」を作りたい
「★法」を作りたい。協力して下さい。
議員
政策担当議員
「いいよ」又は「嫌だね」
「いいよ」の時は
与党内で　喧々諤々
行政官僚が「法案作成」
みんなが「いいよ」にならないと「廃案」
みんなが「いいよ」
行政府の内閣に「★法」を国会に提出してもらう。
野党から攻撃を受けるのは内閣にまかせて
頃合いをみて、採決して成立させる
与党議員
反対・反対・大反対
野党議員
野党議員

や大臣が発言するのは、トヨタ自動車の社長が「こういう車を作りたいけれど、我々には車は作れない」と言っているのも同然です。

全くオカシイ。しかし、政治家は悪気もなく平気で発言して、日本社会も当然のように受け入れてしまうのです。

なぜなのでしょうか？　考えられる理由としては、二つあります。

●日本人は《法律・掟》は守るべきものだと感じてしまう。

故に、本来は法律を作る立場にある日本の立法府議員も「《法律・掟》は守るべきものだが、やむを得ない時には変えなくてはならないので、我々が変えてもいいと承認すれば、《法律・掟》も変える事が出来る」というように感じてしまっている。

●形だけ欧米のやり方を真似たので、「立法」という言葉の意味《目的》が忘れられてしまって、いつもやっている《手順》通りに進める事が国会運営となった。

日本は元々理念が無い国なので、立法の理念は日本の国会議員に根付かなかったのです。だから日本の国会は、こうすれば日本式に意見を集約させて立法・法改正できるという場所になっているのかもしれません。

④日本でワクチン接種が遅れた理由　その三　反対派の意見にも耳を傾けた

日本でコロナワクチンの接種が遅れた理由の一つは、接種の実務者を素早く増やせなかった事です。なぜ早く増やせなかったのか？　その理由の一つとして「日本医師会の反対によって、歯科医師の接種がストップ」と報道されました。

二〇二一年四月に、ワクチンを接種する人手を増やそうと歯科医師にワクチン接種を依頼する案が浮上しました。今まではワクチン接種は医師の仕事でしたが、日本医師会が「接種計画に対応できるだけの医師がいない」と回答したから政府は、歯科医師にもワクチン接種に協力してもらおうとしたのです。

しかし、医師会が、歯科医師のワクチン接種に反対した為に、政府案はストップしました。自分達ではできないのに、「他の人に手伝って貰ったらだめだよ」と医師会が反対するのは不思議です。何で医師会は反対するのでしょうか？

週刊新潮二〇二一年四月二十九日号掲載の『なぜ日本でワクチン接種が進まないのか　厚労省と利権を手放さない医師会が障壁』によれば、日本医師会が反対する理由は「ワクチン接種が利権である」からだそうです。即ち、日本医師会は「ワクチン接種の儲けを歯科医師に分けるのはまっぴらごめんだ」という理由で、歯科医師のワクチン接種に反対しているのだそうです。

そうすると、日本医師会は「自分達の儲けを減らすのならば、日本人へのワクチン接種はゆっくりする方がいい。ワクチン接種が遅れる事で、余分にコロナで人が死んでしまう事になっても仕方がない」と主張していることになります。

なぜ、こんな主張が許されるのでしょうか？　私には、理解できません。

ワクチン接種の推進という《目的》に対し、医師が接種するというのは《手段》です。

例えば、大工さんが木材を切る時に、電動のこぎりが壊れて動かなくなったとします。こういう時には、普通は別の電動のこぎりを手に入れるか、普通ののこぎりを使うかして、大工さんは木材を切ります。大工さんにとって、木材を切る事が《目的》で、電動のこぎりを使うというのは《手段》です。ですから《目的》を達成すればいいので、ひとつの《手段》がだめでも、別の《手段》を使うのです。

この《目的》と《手段》の関係で言えば、ワクチン接種の推進という《目的》が達成できれば、《手段》は医師でも歯科医師でも看護師でも、さらには医療技術者や薬剤師でも良いのです。だから外国ではワクチン接種を推進する為に、薬局で薬剤師が接種できるようにしています。私は、これが普通のやり方だと思います。

どの《手段》を使うかを決定するのは、《手段》の方ではありません。壊れた電動のこぎりに「別ののこぎりを使っていいですか?」などと聞く人は、この世にいません。

だから普通の国では、「医師が反対しているからワクチン接種担当者を増やせない」などという報道はありませんでした。日本だけです。

勿論日本でも、結局は、日本医師会の反対にもかかわらず、歯科医師のワクチン接種は実現しました。しかし、私は医師会の反対によって、歯科医師が接種に加わるのが遅らされたような気がします。

日本でも、本来は日本医師会の要望は最初から聞く必要が無いのです。

それなのに、なぜ日本では、発言権の無いはずの日本医師会が「僕はできないけれど、他の人にやらせたらダメ」なんて我儘を、平気で主張できたのでしょうか?

それには日本人の声なき自由意思が関係しています。声なき自由意思は「いいな」と思った時だけ賛成して、どうでもいい時は関わり合いにならず、「ダメだ」と思った時だけ大騒ぎして反対します。ですから日本医師会は、声なき自由意思になって「医師が損するからダメだ」と強硬に、平気で反対したのです。

一方で、九〇%以上の普通の日本人は、「ワクチン接種が早くできた方がいい」のですが、良識のある多数派の日本人が「他人の意見が気に入らなくても沈黙して、自分の意見は自分の意見として取っておいて、周囲の人達と、とりあえずは発言と行動をシンクロさせる」という選択をするために、日本医師会の我儘な意見に対する批判が（すぐには）湧き上がらなかったのです。

こうして、一～三％程の極々わずかな医師会所属の医師達の反対の声によって、歯科医師のワクチン接種はしばらくとん挫する事になりました。しかし、九七％以上の国民の声なき自由意思には勝てませんでした。日本人は争いをさけて、とりあえず沈黙しているだけなので、日本医師会の我儘な意見は「勝手に言ってろ」と無視される運命だったのです。

⑤日本で素早いワクチン接種の方式を確立できなかった理由　まとめ

何かを変えないと、今までよりは素早く多人数にワクチンを接種するという新しい事は出来ません。だから、今までの手順を変えるにも新たな手順を作るにも、意見を集約させる時間を必要とする日本では、素早くできないのです。

一方で「素早い接種が善だ」でまとまれば、アメリカは素早く動けます。

ただ、日本方式にも利点はあります。当初は色々反対論を言っていた人達（一部の医師）も、排除されないので最後にはしぶしぶでも協力します。だから、脱落者が出ないのです。

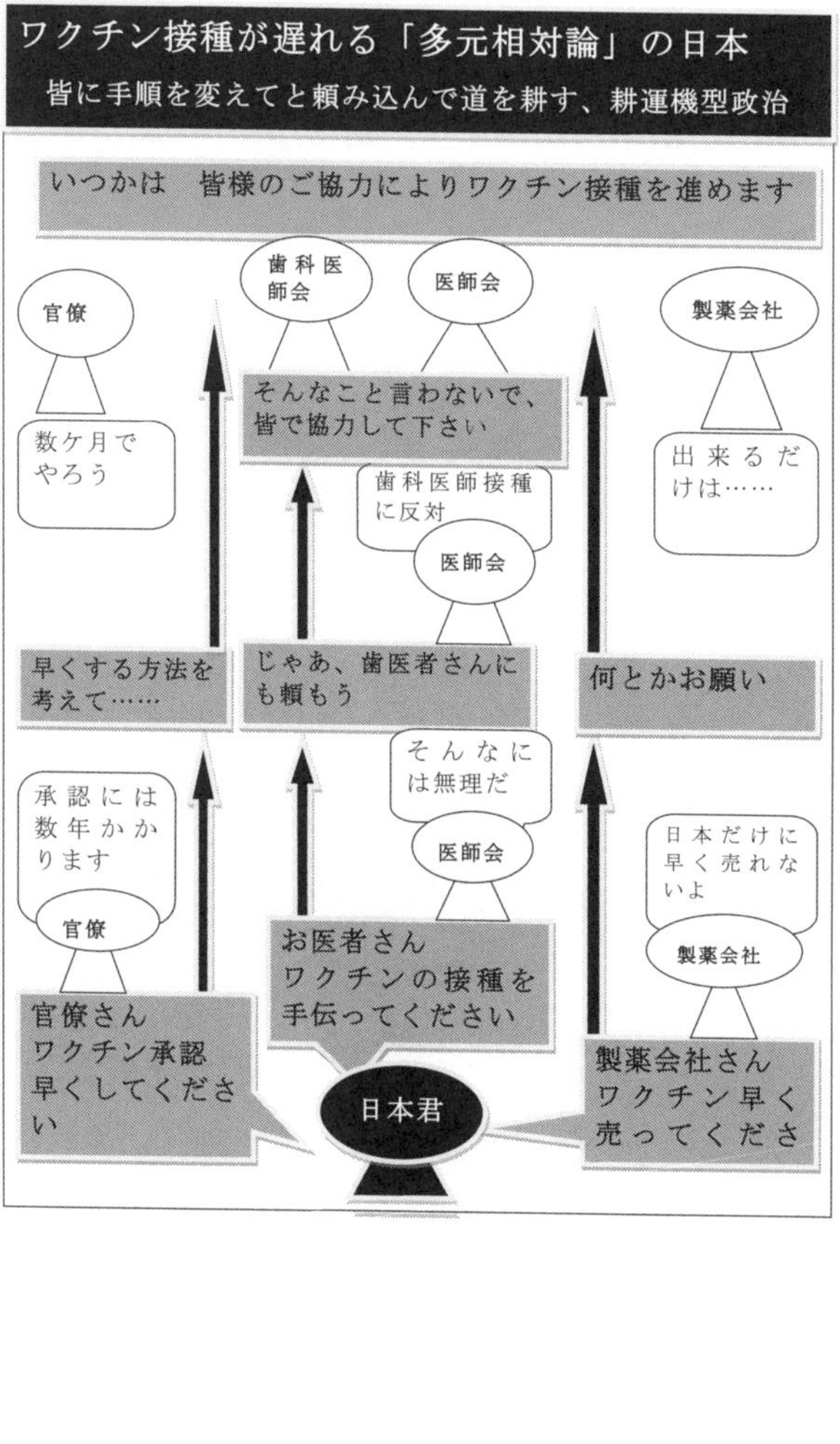
ワクチン接種が遅れる「多元相対論」の日本
皆に手順を変えてと頼み込んで道を耕す、耕運機型政治
いつかは　皆様のご協力によりワクチン接種を進めます
官僚
数ケ月でやろう
歯科医師会
医師会
そんなこと言わないで、皆で協力して下さい
製薬会社
出来るだけは……
歯科医師接種に反対
医師会
早くする方法を考えて……
じゃあ、歯医者さんにも頼もう
何とかお願い
承認には数年かかります
官僚
そんなには無理だ
医師会
日本だけに早く売れないよ
製薬会社
官僚さん　ワクチン承認早くしてください
お医者さん　ワクチンの接種を手伝ってください
製薬会社さん　ワクチン早く売ってくださ
日本君

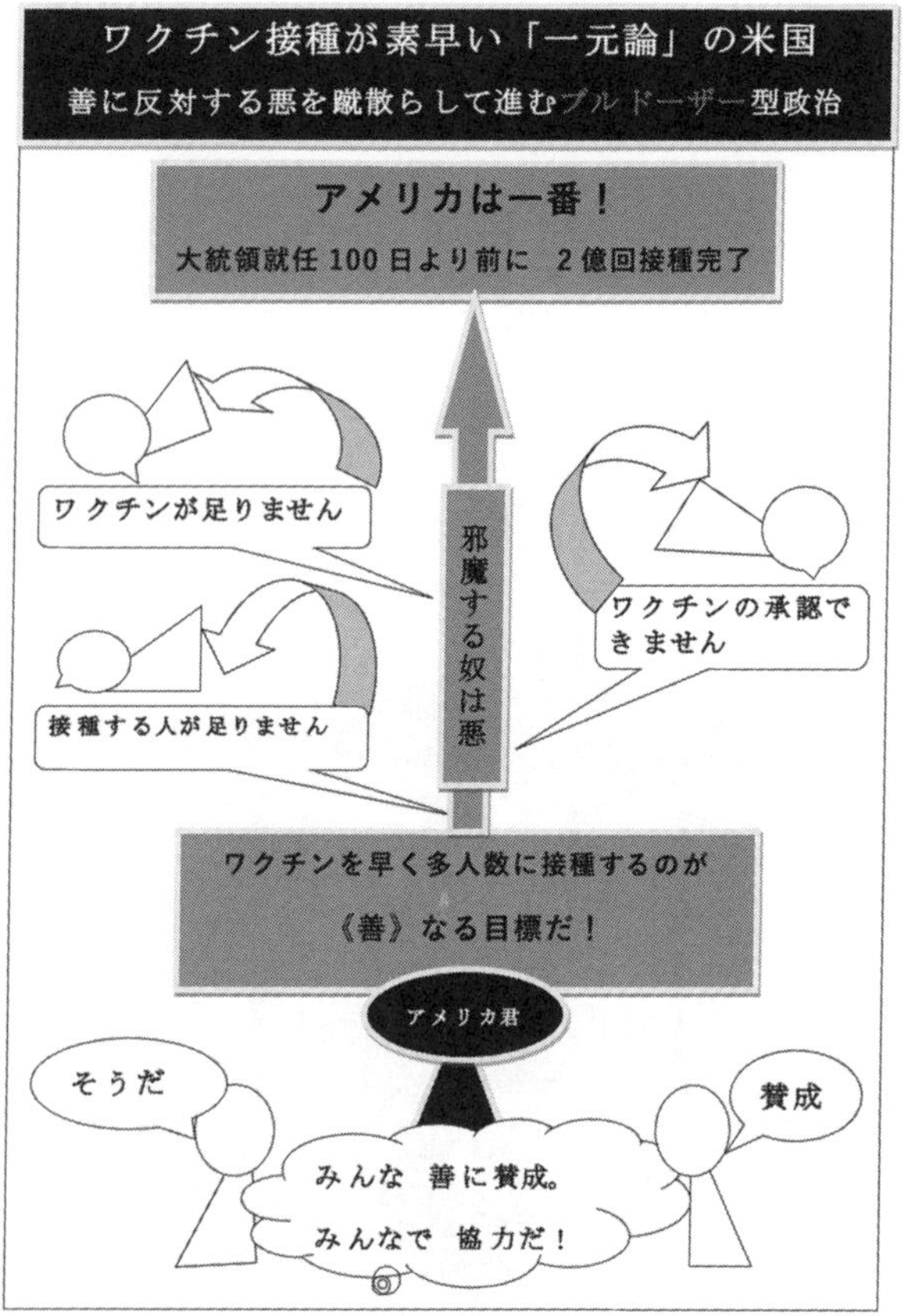
ワクチン接種が素早い「一元論」の米国
善に反対する悪を蹴散らして進むブルドーザー型政治
アメリカは一番！
大統領就任 100 日より前に 2億回接種完了
ワクチンが足りません
ワクチンの承認できません
邪魔する奴は悪
接種する人が足りません
ワクチンを早く多人数に接種するのが
《善》なる目標だ！
アメリカ君
そうだ
賛成
みんな 善に賛成。
みんなで 協力だ！

⑥日本は、危機の時にはキリスト教文明等他文明の《理念》を活用した方がいい

日本型政治システムには良い所もありますが、日頃の手順を変えなくてはならなくなると混乱します。または危機の時でも、いつもの手順を変えない為に、奇怪な行動をすることもあります。

例えば、阪神淡路大震災が発生した後の、その日の午前の閣議では、大臣達は「神戸で被害が発生しているが、どう救援しようか?」という話合いはしませんでした。

この当時は、閣議の議題、並びに「どういう結論に持ってゆくか」等が、前日の午後の事務次官会議で決められていたので、大臣達がその手順に従って閣議をしたので「今この時に生き埋めになっている人もいるようだ。全省庁が力を合わせて救出しよう」という話にならなかったのです。

また、「自衛隊の災害救援活動は、地元自治体から要請があった時だけ出動する」事になっていたので、自衛隊の方では要請が来るだろうと準備を整えて待っていましたが、なかなか救援要請はきませんでした。神戸市役所の電話が不通で要請が出来なかったらしいです。この為に、「神戸の街の上空にはマスコミのヘリだけが飛び回り、救助の為の自衛隊のヘリは一機も飛んでいない」という奇怪な現象が起きていました。

二十年以上も前の事ですが、そのあまりの奇怪さは、今も記憶に強く残っています。もしもあの朝、村山元首相が「本来は地元自治体から要請があった時に自衛隊が救援活動に入るのだが、あるいは救援要請も出せない状態なのかもしれない。責任は私が取るので、自衛隊は直ちに救援活動に入れ」と言ってくれていたらと、なんともやるせない思いが、今も消えないのです。

なぜ、やるせないのかといえば、村山元首相も各大臣達も、心の中では「助けたい」と思っていただろうからです。それなのに、いつもの手順をそのまま攫ってしまった。

だから、悲しくてたまらないのです。

もっとも、阪神淡路大震災を経験して、みんなが「これではいけない」と反省をして、大きな災害が起きた時には「どうやればいいか」と、手順を再構築しました。ですから、東日本大震災の時には、自衛隊の出動もスムーズで、道路の復旧・避難所の設置などでも（色々と小さな奇怪な事があっても）神戸よりは速く動けるようになっていたのです。

ですから、このコロナ禍を経験した今からの日本は、次のパンデミックの時には「これではいけない」と反省をして「どうやればいいか」と、みんなでパンデミックに対応する手順を数年かけて再構築してゆく事になると思います。

ワクチン接種を素早く実行した自治体の手法が、全国市町村会で紹介されてみんなで真似をして……ということが、多分これから行われてゆくと思います。

それこそが、日本なのであります。

ただ、私は、外国人のように、日本人が《目的》と《手段》を分けて考える事が出来れば、危機対応ははるかに素早くできるようになると考えます。

「決まりや法律は、何のためにあるのか」それは、人間がより良く生きる為です。ですから、良い決まりや法律は順守する事が社会の為ですが、邪魔な決まりや法律は変えた方がいいのです。そして、必要な法律は素早く作るべきなのです。

つまり、国会議員が「自分達は、危機の時に、素早く必要な法律を作る為に、国民に選ばれているのだ」と気づいてくれないと、日本はいつまで経っても初めてのことが起きると全く動けないということが繰り返されます。

なぜならば、日本が導入した欧米の政治制度では、国会が立法する事で政治が動いてゆくのが基本なので、国会が立法しないと何も動かないからです。時間のある時には日本式国会運用でも良いですが、時間の無い時には原点の欧米式運用をしないと、欧米の政治制度は動かないのであります。

五　国際社会の中での　日本というシステムが内包する危険とその解決方法

日本では「○○に向かって進もうよ」と皆で決めたのに、実際のこまごました事を話し合っている内に、「あっちだ」「こっちだ」とウロウロしている内に、思いもかけない所に出てしまう事が珍しくありません。

日本国内であれば、これでもさほど問題になりません。

しかし、国際社会の殆どの国は、自分達の理想や正義・大義に向かって進みます。

この為に、日本が国際社会の中で「○○に向かって進むつもりだったのに、こっちに来ちゃった」という日本式の行動を取ると、国家が危険になる事もあります。

故に私は、日本人は、自分達の足元だけ見て一歩一歩進んでゆくいつものやり方は、「外交では危険だ」と認識すべきだと思います。

日本型システムが政治にもたらす弱点は、多くの政治家が「日米開戦は避けたいと思っていた」「ワクチン接種を素早くしたいと思っていた」にもかかわらず、結果として政治家は「真珠湾攻撃をする」と決定し、「ワクチン接種を遅らせるしかない」と決定したことです。結論から申しますと、私が、考える日本型システムの弱点となる政治の特徴は、以下の二点です。

●国民不在の政治

日本人の集団の理想は「和を以て貴しとなす＝皆で仲良くしよう」です。故に、政党の中で政治家が仲良くできれば、多少国民に被害が出ても致し方ないと、政治家が納得してしまう政治になりやすい。

●進路を決めずになるようにまかせていて、最悪の所にも行ってしまう政治

日本的な政治は正邪善悪を決めない政治です。つまり、《理念・理想＝目標》を決めないので、どこに行くか解らない。

①日本の問題点　その一　日本では、自然に国民不在の政治になる

政治家は誰でも最初は、自分の理想の社会を実現させようと志して政治家になります。

ですから、政治家になった当初の《目的》は、自分の理想社会の実現です。

では、その《目的》を実現させるためには、どうするのか？

議会の中で多数派となって、《目的》に見合う法律を通せるように、同志を募ります。

そして、政党という政治家集団になります。政治家は理想の社会を実現させるという《目的》を果たすための《手段》として、政党という集団になります。

政治家が政党に入るのは、本来は《手段》であって《目的》ではありません。

その政党に入ることが《目的》で、「政策はどうでもいい」と公言する人はいません。

ところが、日本人はひとたび集団になってしまうと、「その集団の中で仲良くするということが絶対的に正しい」という、呪縛に囚われてしまいます。

すると政党の一員になった政治家は「自分がこれと思っても、みんながそうだと言うならば、皆の意見に従って行動しなさい（十七条の憲法・第十条）」という要請に従って、自分の志に蓋をして、みんなと同調する政治家になってしまう人が多いのであります。

即ち、所属政党から追い出されないためには「政策はどうでもいい」という政治家に、自然になっていく人が多いのです。

結果、「国民不在の政治を実現しよう」と志す政治家は一人もいないのに、政党の「和」を守らなければならないという呪縛によって、国民の福祉や国益よりも、自分達の政党の利害を優先する「国民不在の政治が現実に出現する」のです。

「**政治家が誰も実現しようと思わないのに、国民不在の政治が現実に出現する**」のは変な気もしますが、それは次のような成り行きで実現します。

日本では政治家が「公約は実現できず、こうなってしまいましたが、一生懸命やったのです」と上手に悔悟の情をしめせば、支持者は「日頃お世話になっているから……」と、自分自身が不快に感じても自制して許します。そして、支持者の多くは「仕方がないさ。この次は頑張ればいい」と激励するのです。公約が実現できない無能な政治家として、見捨てられるのは、とびぬけて無能な人達か、支持者に感謝しない人達だけです。

また公約が実現しなくても許されるのは、日本人の多数派が「声なき自由意思」であるという理由にも因っています。「声なき自由意思」はいいと思えば賛成し、どうでも良ければ関わり合いにならず、嫌だと思えば反対する人達です。これに対して、普通は一つの政策で実際に利益を受ける人も不利益を受ける事も少数派で、大多数の人達は自分の財布の中身は変わりません。ですから、政治家が公約を破っても、実際に損する人は限られています。この為に、自分が実際に損害を受けない支持者は、政治家が公約違反をしても「仕方がなかったのだろう」とあっさり許してしまうのです。

例えば「ＴＰＰは絶対反対」と言っていたはずなのに、国会で賛成票をいれた自民党の政治家は少なくありませんが、それで自民党支持者が減ったという現実はありません。

それは豚肉の関税が下がっても、養豚業者は百万人もいませんので、実際に被害を受けるのは日本人の百人に一人以下で、それ以外の人達で反対している人は、心情的に反対しているのにすぎないので支持者はさほど減らないのです。

反対だという公約を挙げていたのに賛成票を入れた政治家は、選挙区に戻った時に支持者を前にして「我々が反対して、なんとかここまでしか関税を下げさせなかったのですが、これ以上は力及ばず……」と、沈痛な面持ちで説明すれば、お互いに顔の見える範囲の中の支持者で、かつ、公約の変更で被害も受けない人達は、「そうかそうか、良くやった」と納得してしまうのです。

自分自身の心情的な《反対》は、「自分の財布が痛まないから、TPPは本来どうでもいい」という《現実》と、自分がいつもお世話になっている先生（政治家）への《好意》によって、吹っ飛んでしまうのです。

これが、「多元相対論者」の政治に対する姿勢です。自分自身の心情的な《賛成》《反対》を実現させる事を目的にする「一元論者」の政治に対する姿勢とは全く違うのです。

普通の事柄では、一つ一つの政策を「強く実現して欲しい」とか「実害を受けるので、絶対に実現して欲しくない」と個人的に思い詰めている人は、極少数派です。この為に平時の日本では、公約違反をしても許される政治が実現します。

このように、自分の政治的な志を果たすという《目的》の実現のために、《手段》として政党に入ったはずなのに、いつの間にか《手段》である政党を守る為には政治的志《目的》を果たさなくていいという《手段の目的化》が、日本では自然に発生します。そして、被害を受ける人たちまでが（無意識の内に）容認します。これが、日本的システムの弱点であり危うさであります。

②日本の問題点　その二　進路を決めないので、時には最悪の所にも行ってしまう政治

●一部の強硬派に主導権を奪われた結果、真珠湾攻撃をすることになってしまった

一九四一年十二月八日に日本が真珠湾攻撃をしてしまったのも、政府首脳の多くが、「みんなが良ければそれでいい」と目先の事をその都度みんなで相談して決めながら、「どこに行きつくかは解らないけれど、いつものようになるようになるだろう」と国の舵取りをしていたら、一部の強硬派に主導権を奪われた末に、いつの間にかアメリカの敵になって

しまっていた為に、仕方がないからなりゆきで真珠湾を攻撃してしまったのです。

これは本当です。だからこそ、日米開戦をした人達が、「何で開戦したのか解らない」と証言しているのです。

『なぜ必敗の戦争を始めたのか……陸軍エリート将校反省会議』（編・解説半藤一利、文春新書）では、この会議の司会者である加登川氏が次のように発言しています。尚、証言に登場する原氏とは「再び必敗の戦争をしない為に……」という目的で『大本営陸軍部大東亜戦争開戦経緯』（朝雲新聞社）を書いた原四郎氏・防衛庁防衛研究所です。

加登川　原さんが、「私は昭和六年に軍籍にはいったのだけれども、アメリカと戦争するなんて、夢にも思っていなかった」と言われたのが、私には非常に印象的だったのですが、列席の皆さんの大部分もそうだったと思います。そして皆さんの大部分は、敗戦以後三十年間に、陸軍がボロクソに言われていることにいろいろな感じは持っておられると思いますけれども、一体、何が問題であるかということが、よく解らない。

私なんかでも、何に問題があって、どこに反論すべきことがあるのだということが解れば、それを、また勉強しようという気も起きるんですが。とにかく、総合的に見て解らないというのが、恐らく一般の読者とて、同じ感じではないかと思う。

「なぜ必敗の戦争を始めたのか」について、戦争を始めた人達が「解らない」といっているのですから、他所の国の人が聞いたら呆れかえるかもしれませんが、これは明治維新で記した、「なるようになった」いつもの日本のパターンです。それでは本書から、極々簡単に日米開戦に向かう入り口の「日独防共協定」から「日独伊三国軍事同盟」への経緯を紐解きます。

原　ごく簡単に申し上げますと、日独伊三国軍事同盟については、非常に世間に誤解があるんです。…

　第一段階は、防共協定の締結です。昭和十一年十一月に締結された共産インターナショナルに対する日独協定、これは共産主義の防衛の為の日独防共協定ですが、実はその中に秘密付属協定があります。…日本とロシア（ソ連）との間に問題が起きたときに、ドイツはソ連の負担を軽くするような行動はとらないという、軍事秘密協定なんです。

そして、昭和十四年八月二十三日、いわゆる独ソ不可侵条約が締結せられて、平沼内閣が「欧州の情勢は複雑怪奇なり」といって退陣した、あの時期までの間に、防共協定の強化問題というのがあるわけです。

それは、秘密付属協定を強化する問題です。すなわち、日独伊間に軍事同盟を締結し、日本とイタリアとの間に対英牽制協定を締結するという問題が起きたわけです。

ところが、ドイツ側は同盟の対象を英仏に拡大することを要求するし、日本側はソ連一国に限定するというふうに、話の初めから、逐次、問題が複雑になって、結局、英仏をも含む軍事同盟ということになるわけですが…長い間、小田原評定を続けている間に、独ソ不可侵条約ができた。それで、防共協定強化問題は一切ご破算になったわけです。

それが、昭和十五年九月二十七日になって三国同盟が結ばれます。

（これは当初）七月二十七日の「時局処理要綱」において「独伊との政治的結束を強化し、対ソ国交の飛躍的調整を図る」という国策の決定に基づいて…対英政治同盟を結ぶという事に過ぎないんです。

　ところが、それが九月四日に至って突如として対米軍事同盟に変わってしまうんです。それを誰がやったかというと、松岡外相の胸三寸によって、対英政治同盟が対米軍事同盟に変わるわけです。そして、松岡外相の工作によって、ドイツからスターマー特使が来日しまして、九月の九日、十日、十一日の僅か三日間で、電撃的に対米軍事同盟が成立します。

はっきり言ってしまえば、悲しくなります。国家の首脳達が、日本の地政学的位置を考慮した国家の立ち位置すら決めずに、自分の足元だけを見て「なるように任せていた」為に、松岡外相ら一部の強硬派に主導権を奪われた事に気が付きながら、それを是正する事もせずにそのままなるに任せていて、国家そのものが破滅したからです。

③日本型システムが政治集団に及ぼす危うさによって、破滅する事を回避する方法

　今から思えば、明治維新が成功した現実的理由は、次の二点です。

●十五代将軍・徳川慶喜公が、薩長を中心とする討幕軍に対して戦いを挑まずに、日本を二分した内戦を起こさなかった。
●大久保利光らが、西郷隆盛らの征韓論を排除した。

これらの二点によって、日本は内政への西欧列強の影響力が増すことを阻止しました。即ち、国家の破滅・植民地化を免れました。

私は徳川慶喜公と大久保利光大臣が「日本が本当に恐れなければならないのは、西欧の列強である。だから、不必要な戦争をして、西欧列強から武器援助を受けるなどして、西欧列強が日本の内政に口出しできる状況にしてはいけない」と肝に銘じていたから、当時の日本を救う行動をなさったのかは知りません。

しかし結果として、外交面で最悪の状況を招来する行動をしなかったから、内政面で「皆で相談しながら、なるようにまかせているうちになんとかなる」まで時間を稼いで、明治維新を成功させたのであります。

私は、日本という国・日本文明は明治維新の頃も現在も変わっていないと考えます。

ですから、未来のいつかのその時に、「再び、訳も解らず、国家が破滅する道を選択してしまう」事も、起こりえると思います。

そこで、再びの国家の破滅を阻止する為に、明治維新の成功を見習って、日本の政治システムは次の二点に留意すべきだと提案します。

●国家の立ち位置を決めて、国民全員の共通認識とする。
●（軍部のように）国民の意思を無視できる政治家集団に、国政をゆだねない。

●国家の立ち位置を決めて、国民全員の共通認識とする

『なぜ必敗の戦争を始めたのか』によれば、【（日本政府首脳たちが）長い間、小田原評定を続けている間に……松岡外相の胸三寸によって、（クーデター的に）僅か三日間で、電撃的に（ドイツとの間で）対米軍事同盟が成立】した後に、自然にアメリカの敵になる流れになってしまった。それでアメリカから敵対視されて虐められたから、日本が自分で「真珠湾攻撃をしよう」と決心するに至ったのが、必敗の戦争を始めた理由です。

つまり、「大多数の人は対米軍事同盟なんか結ぶつもりはなかったけれど、クーデター

的であっても結んでしまった。意に染まぬ約束であっても、一度約束したら約束は破ってはいけない。決まりには従わなくてはいけないから、そのまま対米戦争に流れてしまった」ということになります。

私の感覚では、「アメリカと戦争をする気が無い」のならば、クーデター的にドイツと対米軍事同盟を結んでしまっても、「破棄する努力をする」のが普通の気がします。ですから、日本政府内のアメリカと戦争をする気が無い人達が、「なぜ、多数派工作をして対米軍事同盟の破棄に動かなかったか？」、不思議です。

北朝鮮の金委員長にしても、あれほど米国の事を罵詈雑言浴びせて批判しても、実際に戦争をすれば負けるから「米国が攻めてくるかも」と判断すれば、途端に和平に動きます。金委員長は一ケ月前まで、自分が罵っていたトランプ大統領と、恥も外聞もなく握手するのです。

しかし、多くの日本人は「約束は破ってはいけない」と、自然に感じてしまうのです。

例えば、言論の自由を標榜する日本のマスコミの多くが、未だに「中国を批判してはいけない」という中国との約束に、自ら縛られています。本来マスコミ言論人が絶対に守らなくてはならないのは「言論の自由」のはずなのに、「中国との約束は破れないから、言論の自由は守らなくても良い」という選択をしてしまうのです。「言論の自由」と「約束」とを秤にかけて「約束」の方が重要だと、日本のマスコミは判断するのです。

確かに「一度約束したら、約束は破ってはいけない」という掟がある方が、日本国内では互いに信頼し合えるので有益です。

しかし、国際社会では、自国に都合のいい約束は守って、都合の悪くなった約束は破棄するのが一般的です。もしくは、都合が悪い約束は、堂々と行動では破り続けて、発言では「守っている」と主張する国もあります。だから、日本だけが他国との約束を破らないとすると、日本には不利な事も出て来ることになります。

つまり、ハルノートを突き付けられた時に、「はい中国から撤退します」と何でもはいはい言っておいて、少しの兵を中国から撤退させて、時間を稼いで米国内の世論を変えるのが普通の国のやり方です。

もっとも、そうは言っても、『国内では、約束を守ろう』でありながら、『外国との約束は都合が悪くなれば、破棄しよう』とすれば、内外ダブルスタンダードの空気を作らなければなりません。空気というものは、政府が作るものではなくて、国民の方で勝手に皆が作るものなので、どうもこれも難しい気がします。

ではどうしたらいいのでしょうか？

それは、**何か事が起こる前から、国家の破滅が発生しない日本の立ち位置を決めて、国民全員の共通認識としておいて、その日本の立ち位置の範囲内で他国とも約束をするのならば、何か事が起こった時でも「約束を破らなくてはならない」というジレンマに陥る事もなく、日本は「約束を守る」日本のままで破滅の道を選択せずに済みます。**

○世界の中で、日本が安全に存在できる立ち位置

戦争は、普通は隣国と始めます。日本の隣国は、米国・中国・ロシアです。かくも巨大な三ケ国に挟まれた小国という、世界でもまれな国家が日本です。

この三ケ国は大国であるがゆえに、三ケ国とも自然の欲求として日本を欲しがります。まずアメリカは、日本列島を手に入れれば、太平洋をアメリカの内海に出来ます。中国とロシアは日本列島を手に入れれば、太平洋の西半分を手に入れる事が出来ます。だから、この三ケ国は、日本を支配下に置きたがるのです。

この日本の地政学的位置関係を考えれば、三ケ国すべてを敵に回せば生きてはいけません。三ケ国で一斉に日本に攻め込んで、「分け取りにしようよ」とすぐ話がまとまってし

まうからです。これが、第二次世界大戦末期の状態です。

ただ、この時はアメリカの力が中ソに対して圧倒的に強かったので、アメリカは中国とソ連の「分け前をよこせ」という要求を最小限しか認めないで、日本の殆どを自国の占領下に置くという事が出来ました。しかし、これはあくまでもこの時だけの偶然の産物で、この次に周囲の三ケ国をすべて敵に回してしまったら、日本という国はアメリカが占領した所だけになってしまうかもしれません。

なぜかといえば、中国もロシアも占領地に住んでいる人達を追放して、自国民を移住させてしまうからです。それによって、面で自国の領域を拡大するのが、ロシアと中国のやり方ですので、この両国に占領されると自分の国が無くなってしまいます。

ですから、中国とロシアの隣国であるがゆえに、日本はどれ程不愉快でも、どれ程嫌でも、アメリカ人のご機嫌を取り続けてゆかねばならないのです。

なぜならば、アメリカもまた日本列島に対して、「自国のモノにしたい」と自然に欲求するはずだからです。今も、（太平洋の向う端に浮かぶ）ちっぽけな四つの島を手に入れれば、太平洋をアメリカの内海に出来るという、日本列島の位置は変わっていません。

現在、日米間が落ち着いているのは、日本列島が米軍の陣地だからです。

ですから日本が自立心を回復して在日米軍に「出て行ってくれ」と言ったら、中期的にはまたアメリカの意地悪が始まります。

日本列島が米軍の陣地でなくなったら、米軍はフィリピンで代わりの基地を造るまで、世界の三分の一の空と海で自由に活動できなくなってしまいます。ですから（アメリカ人はともかくとして）、米軍は日本列島から出て行くつもりはさらさらないはずです。というか、「中国とロシアには絶対に渡さない。渡す位だったら空爆してやる」と、当然米軍が感じるだろうというのが、日本列島の位置なのです。

このように、世界の三大国に狙われる位置にある上に、日本は、戦前も現在も、食料も資源も自国で賄えない国です。ですから、何処かの国と同盟・友好関係を築いていかなければ、国が立ち行きません。国民が飢えてしまいます。

すると米国・中国・ロシアのどこの国だったら、同盟・友好関係を築くことが可能かと考えれば、昔も今もアメリカしか残りませんので、日本はアメリカに敵対心を持たせない事でしか、平和に存在できないのです。

この国家的な大枠を、戦前の日本政府関係者と日本国民がつかんでいなかった。

だから目先のあれこれで右往左往して、気が付いたらアメリカの敵になっていたので、国家が破滅したのです。

二十世紀初頭、当時の中国は内戦状態でした。ソ連は共産国で友好関係を築く国としては論外でした。すると当時でも、付き合えるのはアメリカだけだったのです。

ですから、当時の日本にとって避けるべきはアメリカと不仲になる事で、これだけは絶対にやってはいけない事が対米戦争です。

また、国を守るという観点からは、ヨーロッパの情勢は日本には関係ありません。

その基本を押さえておけば、ヒトラーからの「自分は日本と協調していきたい。自分は共産主義と妥協することなく戦う事が、ヨーロッパを救う唯一の道であると心得ている。（なぜ必敗の戦争を始めたのか　より）」という言葉に惑わされて、ドイツに近づくことはなかったと思います。日本政府首脳は、ヨーロッパを救う唯一の道ではなく、日本を救う唯一の道を選択すべきだったのです。

松岡外相のクーデター的な政治同盟から軍事同盟の変更に対しても、「外相が国家としてドイツに言ってしまった事は、国家として破るわけにもいかない」という、「決まりは破れない・約束は破れないから仕方がない」という、個人的名誉心で動いてしまったのです。そして絶対にこれだけはやってはいけない、アメリカとの不仲を作ってしまったのです。

本来戦前の日本政府は、まずはアメリカの情勢を注視して動くべきだったのです。つまり蒋介石一派がアメリカ国内で反日プロパガンダをしていたのですから、これに対して事実を知らせる宣伝活動をして、アメリカ世論が反日方向に触れないようにしておくことが第一番になすべきことでした。

それなのに……。何とも悲しい事ですが、戦前の政府首脳が、「みんなが良ければそれでいいと、その都度小さな決定をしていったら、いつの間にかアメリカの敵になって、戦争に負けた」のです。日本国内の事でしたら、「みんなが良い方に歩いて行って、結局どこに行くのか解らない」でも構いませんが、国際社会では、目的地を定めずに行き当たりばったり歩いている内に、国が亡びる所にたどりつく事もあるのです。

ですから、（半ば本能化している、日本人の意思決定方法を変える事は出来ないので）日本としては、国が亡びることはない基本的立場をまず決める。その後で、その基本的立場の範囲内で、『みんなが良ければそれでいい』と、その都度小さな決定をしていくべきだと、私は考えます。

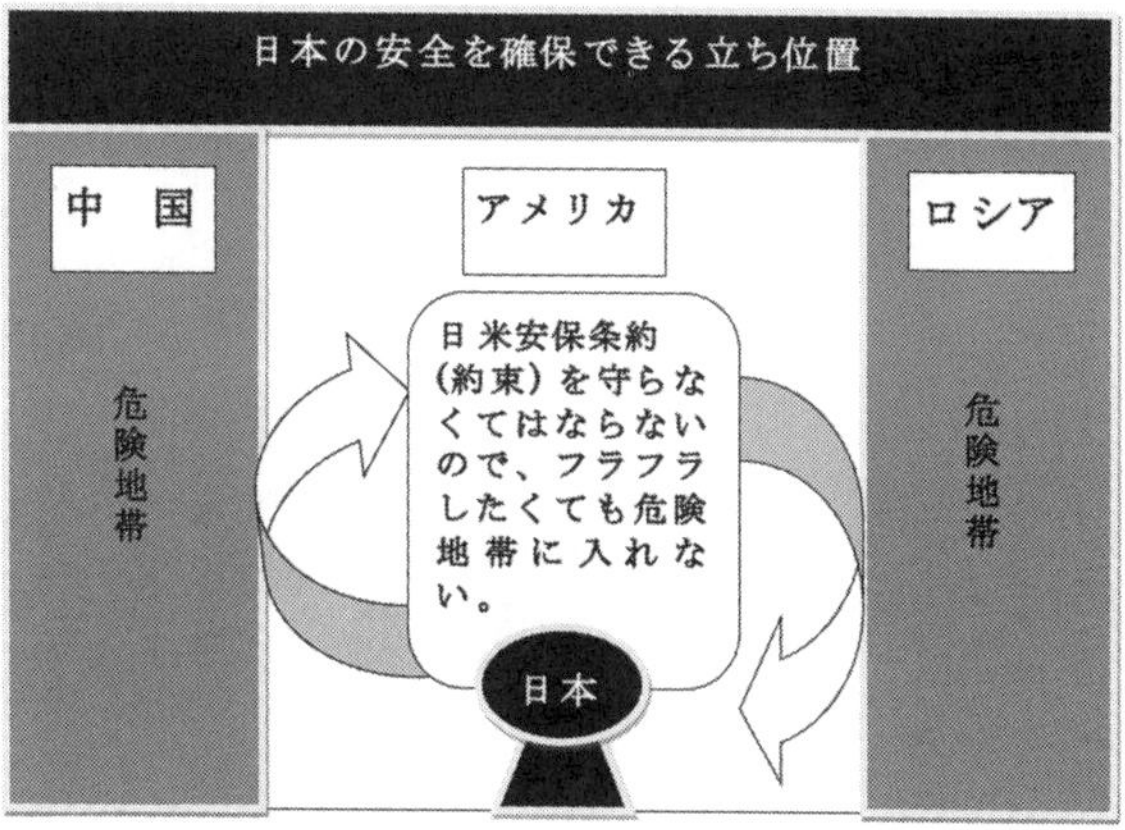

日本が日本のままで生き残っていくには、「国際社会は、日本の常識が通じない社会である」という認識をもって、それでも「国内では、日本の常識を守っていく」その姿勢が必要なのです。

一言でいえば、日本には迷子にならないように、羅針盤国家が必要なのです。

日英同盟があった時には、日本はその同盟の範囲内で動いていたので、国際社会の中で迷子になりませんでした。日英同盟が無くなってからは、右往左往している内にナチスのヒトラーに引き寄せられてしまいました。

現在は、日米安全保障条約の範囲内で動いているので、迷子になっていません。

ですから日本としては、今後ともこのアメリカ羅針盤を大事にして、中国やロシアに引き寄せられないようにしないといけないのです。

中露両国は、支配地の民族を消滅させてしまう国なので、日本は、中国とロシアが日本人にとって危険で無い国になるまでは、アメリカの従属的同盟国の座を死守し続ける事が、日本が日本であり続ける唯一の道なのです。

○福沢諭吉が「脱亜入欧」を唱えた意味

一言でいえば、「日本は欧米諸国とは共生できるが、中国・朝鮮とは付き合えない」という意味です。

現代の日本人と欧米人が、小さなトラブルだけで、長年取引を続けていられるのは（即ち、共生していられるのは）、仏教の「十善戒」とユダヤ・キリスト・イスラム教の共通戒律「モーゼの十戒」の中に、「殺すな・盗むな・男女関係を乱すな・嘘つくな・貪欲を慎め」という、同じような戒律があるからです。

人間関係においてトラブルの元になるのは、大抵この五項目のうちのどれかですので「五項目は悪い事だ」という共通の認識があるので、日本文明社会とキリスト教文明社会は、色々と摩擦は生じても、話合いをしながら共生する事が出来るのです。

ところが中国の社会基盤は儒学ですが、この五項目の基本戒律がありません。というか、儒学は学問なので、人間として守らなければならない「戒律がない」のです。儒学は、マルクスの共産主義と同じで、宗教ではなくて理論なのです。

どういう理論といえば「最高権力者に従え」という理論です。

中国共産党の国旗は、一つの大きな星に四つの小さな星ですが、四つの小さな星は頭を大きな星の方に向けて、大きな星に従うポーズを取っています。

これは、『論語』の為政第二の一からきています。

為政第二の一　孔子先生が言われました。「徳をもって政治を行えば、中心に鎮座する北極星が他の星々を従えるようになる」

つまり、基本的に中国は「自分の上司に従う事が正しい」という社会です。その中で、自分の上司の、上司の……上司は中華皇帝＝共産党主席なので、「習近平主席には従わなくてはいけない」と中国人が自然に感じることで、中国の秩序が維持されています。

その上で『論語』には、家庭生活での面での道徳には、子路第十三の十八があります。

子路第十三の十八　楚の地方長官である葉公が、孔子先生に言った。

「私の領内に正直で有名な者がいます。その父親が羊をかすめたのですが、子どもの彼は、その盗みの事実を証言したのです」

孔子先生は言われました。「私どもの正直者はそれと違います。父は子のために隠し、子は父のために隠します。それがあるべき正直であり、自然な人情ではないでしょうか」即ち、孔子は「自分の情愛・願望に正直になっていい」と言っているのです。

結果として、中華文明では、為政第二の一と子路第十三の十八が合わさって「自分の上司に従ってさえいれば、(自分の情愛・願望のまま正直に)、殺しても・盗んでも・男女関係を乱しても・嘘をついても・貪欲に貪ってもいい」という社会になったのであります。

ですから、韓国人の自称慰安婦女性が《事実と違う証言》をしたとしても、彼らにとって、それは《嘘ではない》のです。「事実と違う事を言って、日本から賠償金を貰えたらいいな」という自分の願望に《正直な発言》なのです。

そして、「自称慰安婦女性が事実と違う事を言うために、日本に謝罪させて金を引き出せればいいな」というのが、多くの韓国人の正直な願望なので、多くの韓国人にとっては《嘘ではない》のです。

また、第二次世界大戦中に撃沈されて軍人の遺体を乗せたまま海に沈んでいる英国の軍艦を引き上げて、くず鉄として売って儲ける中国人も、自分の願望に正直なだけです。

何しろ中華文明は「自分の上司に従えば、自分の情愛・願望の命じるままに何をしてもいい」という自由奔放な社会なので、彼らは他人の生き死に対して余分な感傷をもたず、他文明の人達が「ぎょっとする事」も平気で出来るのです。だからこそ、中華文明社会の人達は嘘をついて恥じることが無いばかりか、嘘で儲けられれば頭がいいと評価するわけです。

この為に、日本は、歴史上ほとんどの時間を鎖国状態で過ごしてきました。隣国である中国や朝鮮半島とは、とても付き合えなかったからです。

日本が鎖国状態を通していたのは、日本人がとりわけ内向的な民族であるからではありません。その証拠として、古代の時代に遭難する危険の中でも遣唐使を送り続けました。また、十六世紀から十七世紀に欧州・東南アジアの国と交易をおこなっていた時には、とても外交的でした。遠くヨーロッパ大陸まで使節を送り出したり、東南アジアの各地に日本人街を造ったりするなど、積極的に海外に出て行っていたのです。

本来の日本人は、とても好奇心が旺盛で、外国のモノでも「いいな」と思ったものは何でも取り入れて、外国とお友達になれれば「仲良くしたい」という気持ちをもっています。

なのに、現実には、日本は、朝鮮半島とは白村江の戦いから明治時代まで約千二百年間、中国大陸とは、遣唐使の廃止から約九百五十年間、天皇陛下の後勅使を派遣する正式な国交を持たずに時を過ごしてきました。

それは、中華文明諸国とはとても付き合えなかったからです。

しかし、どうも 日本と欧米のインテリの皆さんは「殺すな・盗むな……」という五戒律は人類に共通で、中華文明はその上に『論語』がのっていると勘違いして、センチメンタルな憧れを抱いてしまうようですが、実態は違います。

昔も今も、中国大陸・朝鮮半島の人達は「実態は違う」と、その発言と行動で示し続けています。

確かに日本は、キリスト教文明社会とも気心が知れた付き合いはできません。

キリスト教徒は『神が天地を創造した。その中で人間は創造神から地上の支配権を与えられた』と信じています。ですから、神から与えられた権限で、何でも自分たちの好みで決めていいと思っています。例えば、捕鯨をするか鯨を保護するかは、自分たちの好みで決めていいと思っています。だから、付き合うのには気骨が折れます。

しかし、それでもまだ、欧米キリスト教文明圏の人達とは《事実》に基づいて話し合う事は出来ますし、互いに何かを約束する事もできます。

だから日本は『脱中華入欧』で生きていかないと、日本を保てないのであります。

●国民の意思を無視できる政治家集団に、国政をゆだねない

日本の「和」の力は強力です。選挙で支持者に投票して貰って当選する政治家に、政党の「和」を保つ為に、自然に国民不在の政治をさせてしまう程に強力です。

この日本の集団力＝「集団の決定には逆らえない」という呪縛が、「アメリカと戦えば絶対負ける」と見切っていた陸軍・海軍の軍人に、「個人的には不本意だが、全力で、敗戦するだろうその時までは戦おう」という決定をさせたのです。

国際的な常識ではありえないかもしれませんが、これは過去の事実です。

そして、このような状況は、現在でも繰り返されています。

だからこそ、日本は昔も今も、「自分の意見を通したいから、人の意見に耳を貸さない」一部の声の大きな人達に主導権を奪われると、多数派が「嫌だ」という道に進んで行ってしまうのです。故に、日本で「国民の意思を無視できる政治家集団に国政をゆだねると、その政治家集団の中の一部の声の大きな人達に、再び国家破滅の道に連れていかれてしま

う」事は起こりえます。

戦前は、選挙の洗礼を浴びない為に「国民の意見を聞く必要のない」軍部が政権を取ってしまいました。

これは、戦前の内閣が「一人の大臣でも反対すると、内閣総辞職する」という制度だった上に、陸軍大臣・海軍大臣は「軍部が、現役の軍人を派遣する」というシステムだったからです。

つまり「陸海軍派遣の大臣が反対すると、総辞職になって内閣そのものが存続できない」

↓「陸軍大臣と海軍大臣の我儘を聞く事になる」↓ 軍事政権になったのです。

その上、陸軍という集団の中で、良識ある軍人たちが沈黙している間に、一部の声の大きな軍人達に主導権を奪われて、良識的な多数派の軍人達が「なんだかよく解らない」でいるうちに、「真珠湾攻撃をする」と決定されたのでした。

そしてひとたび決定されたら、「意に染まない事でも、一生懸命やる」人達が、命を懸けて戦って、結局三百万人とも言われる命が失われました。

私は、このような事は繰り返してはいけないと思います。

ですから、もう二度と、国民の意思を無視できる政治家集団に、国政をゆだねてはいけないのです。しかし残念ながら、今の日本は一歩一歩「国民の意思を無視できる政治家集団に、国政をゆだねる」道に（意図せずに）歩み始めています。

●中選挙区制は日本社会の人々の声を吸い上げる選挙制度で、小選挙区制も比例代表制も欧米社会の人々の声を吸い上げる選挙制度である

現在の小選挙区比例代表並立制の選挙制度は、ここ日本においては「国民の意思を無視できる政治家集団が政権を取れる」システムなので、とても危険です。

第一に、ただでさえ日本人の政治家は政党という集団の意思を尊重しすぎて、政治が無意識の内に国民不在の政治を選択します。その上で、選挙区の公認権が政党にあっては、政治家は政党の操り人形になってしまいます。

有権者が「そんな操り人形の政治家には投票したくない」としても、自分が「支持しない政党に投票する」事もできません。すると有権者の選択は、嫌いな立候補者でも支持政党だから投票するか、選挙に行かないかのどちらかになります。あんまり嫌いな立候補者の時には、支持しない政党に投票する事もあるかもしれません。

このような事が続いてゆくと、しだいに「選挙民の声を聞く必要はない」「政党本部の

首脳に、当選できる選挙区を割り当ててもらう事が、政治家になる道だ」「比例名簿の上に載せて貰うのが政治家になる道だ」と思い定める政治家が増えてゆきます。

故に、かつての軍部と同様に、与党の首脳が自分の意見に従う人物を要職に付けて日本の政治を動かして、国民の意思を無視できるようになるのが、小選挙区比例代表並立制の選挙制度なのであります。

一方で、かつての中選挙区制は、日本の社会と風土にピタリと合う選挙制度でした。なぜならば、中選挙区制では、一つの選挙区の中で複数の政治家を当選させなければ、政権は取れませんでしたので、自民党の中には、同じ選挙区で、血で血を洗う戦いをする政治家が同居していました。

この為に、自然に選挙互助会の派閥が出来ました。中選挙区制の時には、この派閥が悪の巣窟のように言われていました。しかし派閥は、自民党が一つにまとまって国民不在の政治に邁進する事を抑止していました。

同じ選挙区の中で有権者の票を取り合う自民党議員達は、「自民党首脳ではなくて、支持者の意見を聞かないと当選できなかった」のです。

もし、自民党の執行部が○と言っていて、A議員の支持者の大半が△と言っている場合に、A議員が「党の執行部が○だから、自分は○です」と言ったとします。

その時に、同じ選挙区の自民党のB議員が「自分の派閥の親分は△といっているから、自分は△だ」と宣伝したら、（同じ自民党なのですから）△がいいA議員の支持者の中には、その選挙の時だけはB議員に投票する人も少なくありません。そういった離反者が多いと、A議員は落選してしまいます。

つまり中選挙区制度とは、「有権者の方に、A、B、C、Dどの議員に投票するかの《選択権》があるので、政治家が有権者の声を無視できない制度だった」のです。

日本の集団は、放っておけば「和を以て貴し」でまとまります。ですから政権与党が、結局は「政権与党内で仲良くするのが一番大事。国民には我慢してもらおう」という状態になってしまうのは、それが日本だからです。

しかし中選挙区制度では、日本の集団が自然にたどり着く「和」に、政権与党だけはたどり着けないように仕組まれていました。中選挙区制度とは、日本の政治家にとっては茨の道で、国民にとっては最良の選挙制度だったのです。

誰が考えたのかは知りませんが、まさに中選挙区制度は、日本人の思考と発言と行動の

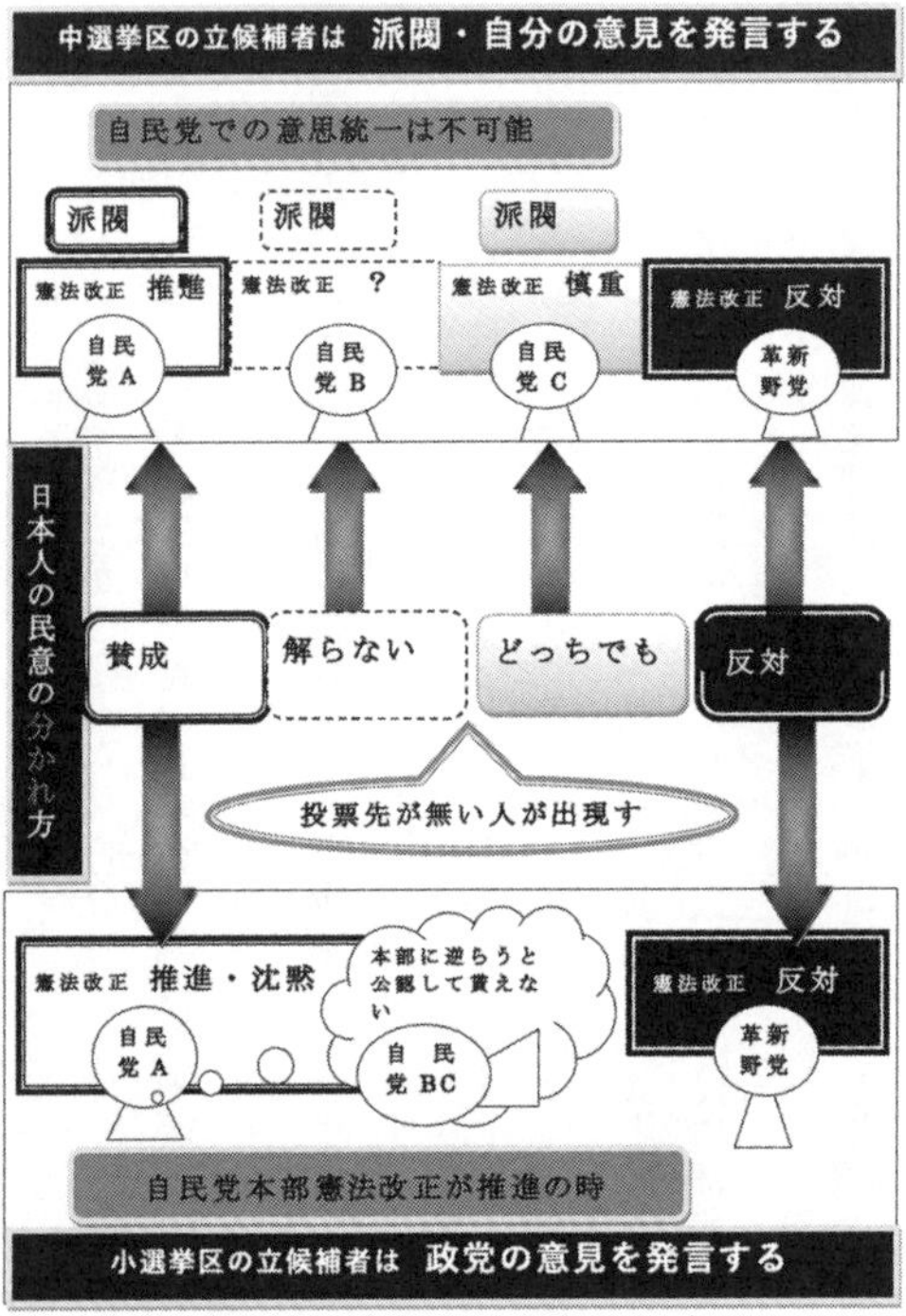

様式を知り抜いた人たちが編み出した、日本の国民の為の選挙制度でした。ですから、今からでも中選挙区制度に戻すのが、日本の未来にとっては最良の選択です。

現在日本が採用している小選挙区比例代表並立制は、英米型の二大政党を生む小選挙区制と、ドイツの（政治家個人ではなく）政党理念を選択する比例代表制を組み合わせたも

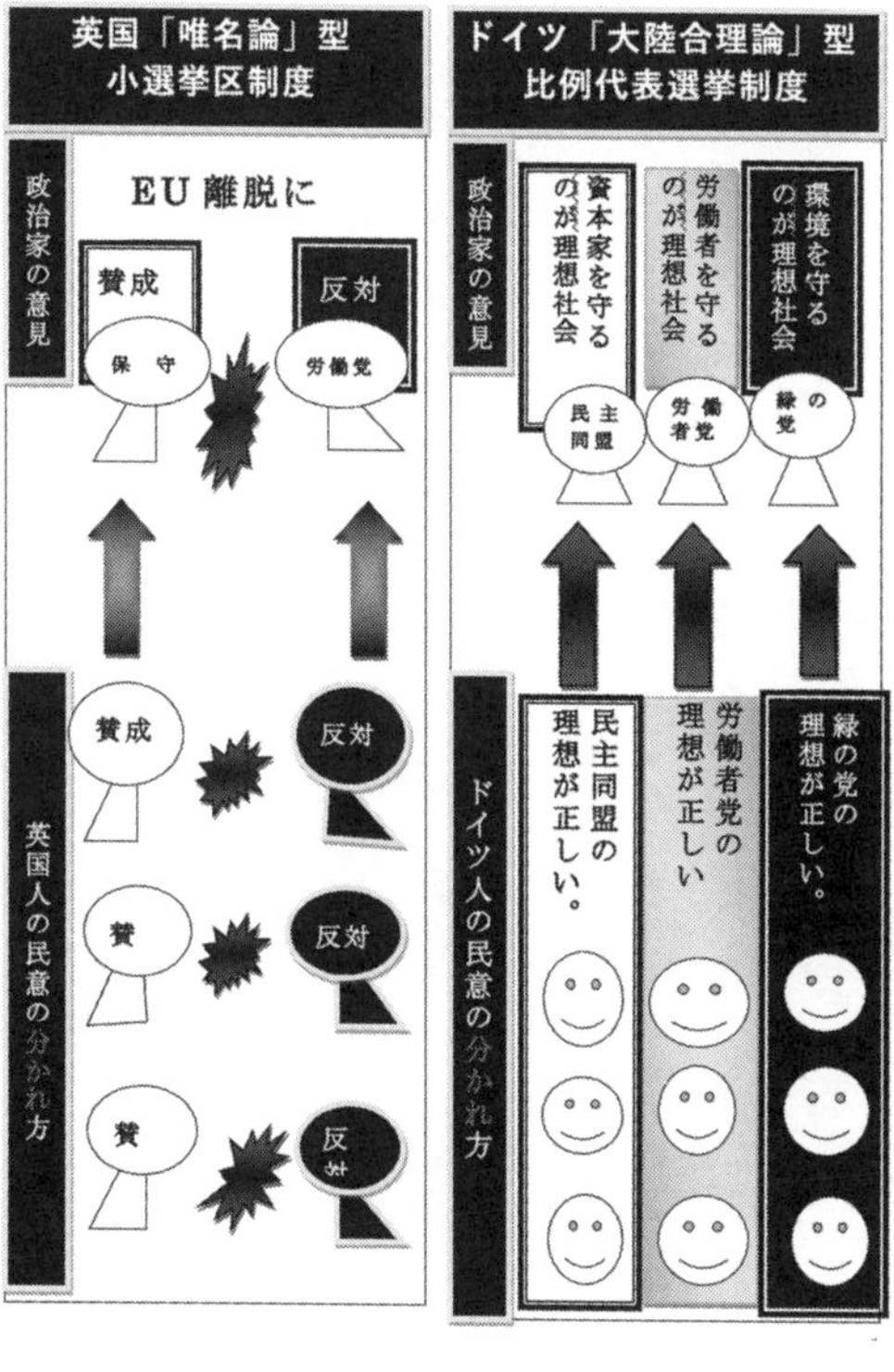

のです。

現実主義的な「唯名論」哲学のイギリスでは、政党の掲げる政策に対して「YES・NO」に民意が分かれるので、小選挙区で「政策に対する『YES・NO』に投票する」ことで民意が国政に反映できます。そして、自然に二大政党制になります。

一方で観念論的な「大陸合理論」哲学のドイツでは、民意は政党の掲げる理念によって分かれます。ですから、選挙民が「自分で選んだ理念に投票する」比例代表選挙をすることで民意が国政に反映できます。そして、理念ごとに政党が出来るので、自然に多党分立になります。

これに対して、日本では政治家が好きか嫌いか、政党を支持するかしないか、それぞれ各個人が自分なりの理由で投票します。つまり、人々の意見が「○」「×」「△＝中取りして仲良くしよう」「興味ない何でもいい」に分かれる日本では、本来は中選挙区制度が一番合っているのです。「YES・NO」にしか投票できないと、中取りして仲良くしよう」や「興味ない何でもいい」という人達の民意が無視されてしまうのです。

また、そもそも理念が無い日本では、比例代表選挙そのものが出来ないでいます。

例えば自公連立の選挙戦術として「小選挙区は自民党議員の名前を書いて、比例では公明党と書いて下さい」とお願いする事が横行していますが、これでは「自分の理念・理想に合致する政党を選択する」という、比例代表選挙の主旨を完全に逸脱しています。

また故中曽根康弘元首相が「終身比例名簿一位」の特権を持っていることに「ズルい」と批判が集まり、ご自身で返上されました。比例代表は、本来は人物を選ぶ選挙ではありませんから、その政党で功績のあった人物を「その政党の理念を最も体得している」として名簿一位にする事は、ルール上では何の問題もありません。

しかし、多くの日本人は「ズルい」と感じて、正当な選挙ではないと判断します。

これは（理念が無いのですから当たり前ですが）、日本人が選挙では「政党の理念ではなくて、人物を選びたい」と、感じているからです。

即ち、日本人が「ルール通りにやったら、ズルいと感じる」比例代表選挙制度は、日本人の感性には全く合わない選挙制度です。また、「少数意見をくみ取れない」と感じる小選挙区も日本人向きではありません。

それぞれの国には、それぞれにふさわしい民意のくみ取り方があるのです。ですから私は「日本人の民意を政治に反映させることができる、中選挙区制度に戻すべきである」と、本当に思います。

尚、それがすぐは出来なくても、立候補者の公認権を政党本部が握っているという現在の方法では、いずれかつて軍部と同じ結果になります。ですから、自民党員の皆さんには公認権を政党本部から取り戻して、予備選挙方式に変えて欲しいと思います。

選挙区で、四人でも五人でも立候補をしたい人が予備選挙に立候補をして、過半数の投票を取る人物がいない場合には、上位一位二位で決戦投票をするという、予備選挙を経て、初めて政党立候補者として公認されるならば、政治家は選挙区の人達の声を聞かないわけにはいかなくなります。

日本の「和」の力は強大ですのでこのままですと、いつしか自民党は「党内融和が一番大事。国民には我慢してもらおう」という政党になります。ですから、「支持者の声を聞かなければ、政治家でいられない」というストッパーが絶対に必要なのであります。

第四章　日本式システムの利点

一　日本では相手を滅ぼすための虚構による戦争はしないので、世界一の長寿国になった

前章では日本的システムの弱点を挙げましたが、日本的システムには良い点もあります。中でも日本は有史以来滅亡していない世界一の長寿国たらしめているのは、最大の長所です。

尚、前著で、日本が世界一の長寿国であるのは、日本文明は「日本的システムの何でもいいから、仲良くしようよ」という「和」の創造を目的としているからだと申し述べました。ここでは、滅亡しないシステムの実態を浮き彫りにします。

まず、日本が万世一系の天皇家を戴く世界一の長寿国なのは、二千年程の間、天皇家を滅ぼそうという武将が出現しなかったからです。

現実には、天皇家を滅ぼして自分が代わりたいと思った武将もいたかもしれませんが、その武将が一人で内裏に乗り込んでも、返り討ちに遭うだけです。ですから、「天皇家を滅ぼしに行くぞ」と武将が部下に言うと、「オー。滅ぼしに行こう」と盛り上がる空気が

二千年近くできなかったので、天皇家は滅びなかったのです。

日本で「天皇家を滅ぼしに行こう」という空気が出来なかった理由は、次の通りです。

戦争は、世界的には、その目的によって「普通の戦争＝土地を奪う為の戦争」「虚構による戦争＝敵を滅ぼす為の戦争」の二種類に大別できますが、日本では土地を争う普通の戦争が主で、天皇家を滅ぼす為に、わざわざ戦をする武将がいなかったのです。


一方で世界の他の国々の多くが《基準》を持っていますので、敵方の《基準》は間違っているという立場で、「相手は悪魔だ。滅ぼさなくてはならない」という虚構を作り上げて、相手方を滅ぼすために戦争をするので、世界の国々は新しく建国したり滅んだりしているのです。

●《基準》を作り上げる力は、人類が他の生物にない認知機能として「虚構を信じる能力」を持っているからである

人類が地上でかくも繁栄する事が出来るようになったのは、他の生物とは違って「虚構を信じる能力があるからだ」と断じたのは、『サピエンス全史』を著したユヴァル・ノア・ハラリ博士です。

この書を読むと、キリスト教文明圏の人達が「イエス・キリストを神だと信じられて、他文明の思考は誤りだと信じられる」理由が理解できます。

即ち、世界の多くの人達が「なぜ《基準》を信じられるのか」が解ります。

それは「虚構を信じる能力」を持っているからなのです。

それではここで、サピエンス全史をコンパクトに解りやすくまとめた「思考のカケラ・コンサルタントの備忘録」さんのブログ（二〇一七年六月十一日）から、人類に起きた認知革命について引用します。

認知革命

まず、認知革命の時期では、サピエンスは突然変異によって、脳の神経が変化しました。これにより、物事を認知できるようになりました。そして、認知ができるようになると、サピエンスは意思疎通のための言語が使えるようになりました。そこでサピエンスがしたのは噂話です。

確かに、現代でも二人の人間が会えば、噂話のような大したことない話ぐらいしかしません。サピエンスの大きな特徴としては、噂話ような「ありえないことを信じられる」ことが挙げられます。このような「虚構」を信じる能力は、同じ時代を生きていたネアンデルタール人にはなかった特徴です。

「虚構」を信じることができると、多数で同じ物事を信頼することができます。それはつまり、大人数で協力が可能になったことを意味しています。これによりサピエンスは大人数で協力ができ、ネアンデルタール人を倒すことができました。ネアンデルタール人はネアンデルタール人同士で協力することができなかったのです。

このように、人類は多人数で協力し合う集団を作れるので、この地上で支配的な地位に立つことが出来たのです。

しかし同時に、一つの虚構を信じる集団は、別の虚構を信じる集団とはうまく共生できなくなり、土地を争う物理的な戦争だけでなく、虚構による戦争が発生するようになりました。この虚構による戦争は「相手は悪魔だ。滅ぼさなくてはならない」という理由で戦いますので、世界の国々は新しく建国したり滅んだりしているのですが、日本には虚構による大戦争がありませんでした。だから、世界一の長寿国なのです。

二　虚構による戦争

①虚構による戦争とは

元々戦争は、土地を奪う為の戦争だったはずです。

しかし、戦争の時には「敵は悪い奴らだから、やっつけてやろう」と味方の兵士たちの士気を高めるものです。その士気を高めるための《嘘話》が強力化して、本当に皆で信じ込んでしまうのが《虚構》です。

例えば十九世紀のアメリカでは、ヨーロッパ諸国から押し寄せる白人キリスト教徒が住まいとする土地を手に入れたいと望んだ政府首脳は、アメリカ先住民と結んだ条約を次々に破棄してアメリカ先住民から土地を取り上げてゆきましたが、アメリカ先住民とて「はい、解りました」と二つ返事で追放に応じることはありません。

そこでアメリカ政府首脳は新聞の手を借りて、「アメリカ先住民は、白人の頭の皮をはぐ野蛮人だ」という虚構を広めました。するとこの虚構を信じた多数の白人が「悪者だから成敗した方がいい」と考えるようになり、アメリカ先住民は虐殺されてほとんどすべての土地を奪われることになりました。

アメリカは選挙の国ですので「我々が欲しい土地に住んでいるのが、彼らの身の不運なのだ。気の毒ではあるが死んでもらおうじゃないか」と演説したら選挙に勝てません。だから「野蛮人だ。人類の敵だ」という虚構を信じさせて、人々が「奴らを殺すのが正義なのだ」と、自らの意思でアメリカ先住民に戦いを挑むように誘導したのです。

このように十九世紀のアメリカでは、虚構の力でアメリカ先住民を虐殺する事が正義になっていました。

しかし、アメリカ政府とマスコミは土地を手に入れてしまった後は、「目的を果たしたからもういいや」と虚構の宣伝を止めてしまいました。すると、二十一世紀の今では「アメリカ先住民は、白人の頭の皮をはぐ野蛮人だ」という虚構を信じている人はいなくなりました。その為に、アメリカの白人社会には、アメリカ先住民を虐殺した事に対する悔悟の情が広がっています。

このように、虚構による戦争では、元々は士気を高める為であった虚構を人々が事実だと信じる事によって、兵士や人々が（命令されなくても）自らの意思で虚構の相手を殺すようになります。しかし、虚構が覚めるとその行為が止みます。

②虚構による戦争では、壮絶な殺し合いになる時がある

十六～十七世紀の　西洋キリスト教徒同士の宗教戦争は、まさしく虚構による戦争であり、凄惨を極める終わりのない戦争になりました。

虚構による戦争は、指導者に命令されなくても「敵を殺すことが正義だ」という自らの心に湧き上がる感情によって戦われます。この為に、戦争指導者同士が停戦で合意しても、各個人が正義のために戦い続けますので、終わらない戦争になりがちです。

西洋キリスト教徒同士の宗教戦争の時には、カトリック教会が「神の代理人に逆らうプロテスタントは異端者です」と宣伝しましたので、教会の言葉を信じたカトリックの人達はプロテスタントを殺そうと自らの意思で戦いました。

一方、プロテスタント教会は、「皆さん聖書を読んでください。神の言葉を正しく伝えないカトリック教会こそが悪魔です。だからカトリック教徒は異端者です」と宣伝したので、これを信じてプロテスタントになった人達は、最初は我が身を守る為に、後にはカトリック教会を倒すために自らの意思で戦いました。

このように実際に戦う人達が、わが命を懸けて「正義をなそう」と敵を虐殺し合うので、十七世紀初頭のドイツの三十年戦争は壮絶な殺し合いとなりました。

一説によるとドイツの人口が半減したそうです。
そこで人々の気持ちに「もう戦争は嫌だ」という変化が生じました。
「わが命を懸けて、正義をなそう」という気持ちから「もう殺し合いだけは止めたい。悪魔が生きていようといまいとどうでもいい」という気持ちに変わったのです。

その結果一六四八年に西欧各国は「ウェストファリア条約」を締結し、宗教戦争を終結させました。「ウェストファリア条約」とは、条約締結国は相互の領土を尊重し内政への干渉を控えることを約束したもので、新たなヨーロッパの秩序が形成されることになりました。解りやすく言えば「殺し合いはもうたくさんだから、お隣の国が　異教徒の悪魔でも　知らんふりをしよう」という事になりました。

尚、この条約はバチカンのローマ・カトリック教会を激怒させました。ローマ教皇はこの後もカトリック教徒にプロテスタント教徒を倒せと命じ続けましたが、気持ちが変わってしまった諸侯にとっては、教皇からの命令書も、神の司令ではなく、ただの紙であり、その発言は耳に聞こえる音でしかありませんので、ローマ教会の呼びかけが現実になる事はありませんでした。

そして「ウェストファリア条約」締結の後には、カトリック教徒もプロテスタント教徒も、「相手は異端者だ。悪魔だ」という宣伝を止めました。

結果、二十一世紀の西洋キリスト教文明圏では、プロテスタント教徒を悪魔と思っているカトリック教徒もいませんし、カトリック教徒を悪魔と思っているプロテスタント教徒もいません。前述のアメリカ先住民への虚構と同じで、虚構とは、宣伝されなくなると覚めてしまうモノだからです。

③虚構による対立関係は、虚構が覚めれば解消する

アメリカでもヨーロッパでも、宣伝されなくなると人々は虚構から覚めてゆきました。すると虚構による戦争は、人々が虚構から覚めれば終わる事になります。

世界史には、こんな例もあります。それは、東西冷戦の終結です。

ベルリンの壁が崩れる一九八九年頃まで、世界はアメリカを中心とする西側世界と、ソ連を中心とする東側の世界に分断されていました。

西側先進諸国の人達は「ソ連型独裁共産主義国家は、自由と人権の敵（悪魔）である」と信じて「自分達は狙われている」と考えて、軍備を整えていました。

ソ連と共産主義者の人達は「西側の資本主義者は、より良い世界・共産主義の敵（悪魔）である」と信じて、やはり守りを固めていました。

しかし、ベルリンの壁が崩壊して、ソ連の共産党幹部のクーデターが失敗に終わってみると、人々は「イデオロギー的な敵対者が、自分達を滅ぼそうとしているという事は、虚構だ」と知りました。東西両陣営の人間は、「敵陣営は自分達を殺そうとしていない。仲良くしてもいいんだ」と気が付きました。

こうして、「イデオロギーの違う人達とは、敵対しなければならない」という虚構から覚めた人達は、東西冷戦を終わらせたのであります。

今から思うと不思議な気がしますが、実際に東西両陣営に別れた人達は、相手を敵対者だと信じていました。だからアメリカの若者たちは、ベトナムで自由と人権の敵（悪魔）であるベトコンと戦ったはずですし、ベルリンの壁の警備兵は、壁を越えようとする人たちを裏切り者（悪魔の手先）と信じて射殺したはずなのです。

④虚構による戦争の特徴

●個人が自分の意思で戦う

「相手を滅ぼすことが正義だ」という思い込みで戦うので、戦争指導者から命令されなくても兵士が戦う。

●終わらない戦争になりやすい

兵士が、自分の意思で戦うので、戦争指導者が停戦しようと思っても、なかなか停戦できない

●虐殺戦になりやすい

兵士が敵を悪魔と信じて殺す事を目的に戦う為。

⑤虚構による戦争の終わり方

●敵と信じた人達を全滅させれば、終わる。（例　アメリカの対インディアン戦争）

●敵と信じた人達と殺し合いが続き、双方が「もう殺し合いだけは止めたい。悪魔が生きていようといまいとどうでもいい」と思った時に終わる。（例　欧州の宗教戦争）
●何かのきっかけで、人々が虚構から覚めれば終わる。（例　東西冷戦）

即ち、「相手を滅ぼすことが正義だ」という個人が自分の意思で戦うのが《虚構》による戦争なので、兵士たちの気が変わって「戦いたくない」になれば終わります。

三　日本の長寿国の秘訣は、日本の戦争観と歴史観

①《虚構》による戦争を生み出さない、日本の戦争観と歴史観

「和」を尊び、話合いで決着を図る事を良しとする日本文明では、《虚構》による戦争は発生しない原理になっています。話合いは《事実関係》をもとにしなければ決着しないからです。

即ち、日本でみんなが信じるのは《事実》であり、《虚構》ではないのです。

前述の「独身二十五歳Aと、五人家族を養う五十歳B、二人で協力して畑を耕して、Aの方が若く力があるので三分の二を担当して、十二人分の収穫を得た時の分配方法を考える」問題で、両者の話合いがどう進むかを考えます。

(1)　AとBが、自分に最も多く分配される《分配理論》を主張する。Aは「《働き》で分配する事が正しい」と主張する。Bは「この土地で養わねばならない《人数》で分配するのが正しい」と主張する。

(2)　どちらの《分配理論》が正しいのかの論戦では、仲良く共生する事は出来ない。

Aの主張では、A＝八人分、B＝四人分で、Bの家族は二人飢死するが、Aは裕福に暮らせることになる。一方、Bの主張では、大体A＝一・八人分、B＝十・二人分で、Bの家族も余裕を持って暮らせるが、働いても働かなくても分配は同じとするとAは働く意欲を減退させることになる。即ち、自分が正しいと感じるどちらの《分配理論》でも、仲良く共生する事はできず、来年も同じ方法で畑を耕すことはできなくなる。

(3) AとBが、共生可能な《第三の分配理論》に行き着くと共生は可能になる。Aも仲間の家族が餓え死するのは見たくないので、「《同じ時間》働いた」という基準で、二人で等分する（A＝六人分、B＝六人分）。

(4) AとBが互いに、相手に対して思いやりをもって《第四の分配理論》に行き着くと、仲良く共生する事が可能になる。

餓死は回避されたが、Aが余分の収入で良い生活をしているのを見ると、Bの家族に不満が生じて、余分の収穫も分配して欲しいという欲求が発生して（A＝四人分、B＝八人分）となると、BもBの家族も満足するが、Aは内心不満である。しかし、表面は仲良く共生している状態になる。

AとBが、「自分にとって都合がいいから、自分が正しいと感じる《分配理論》で、どっちが正しいのか論戦する」と、結果はAとBの決裂になります。

これに対して、二人で協力して畑を耕したという《事実》と、七人がこの畑の収穫に頼っているという《事実》をもとに話合いをすれば、「仲間の餓死は避けた方がいい」ので「同じ時間働いたので等分しよう」という《第三の分配理論》に行き着きます。

そして、Bがその生活に《強烈な不満》をもっていると、仲良く共生する事は難しくなるので、有利な立場にいるAが、思いやりを発揮して｛自分の耐えられる範囲の不満を自制する｝と仲良く共生する事が出来るようになります。

意見が対立すると、普通は「自分が正しい」「自分が善だ」と言う感情が湧き上がりますが、その感情のままに「Aさんが悪い」「いやBさんが悪い」と感情で論戦をしても、双方が納得できる話合い決着には至りません。

即ち、話合いは《自分に都合がいい理論や感情》ではなく《事実関係》をもとにしなければ決着しません。この為に日本では、話合い決着を導くための《事実関係》が尊重されて、自分に都合のいい理論を強行に主張する人達は「青臭い書生論を振り回す奴」と嫌厭されてきたのです。

つまり、日本社会では意見対立が生じた時に《事実関係》が尊重されるので、《虚構》によって論戦を挑む人たちが忌避されるので、《虚構》を頼りにする「相手を滅ぼすことが正義だ」という戦争は抑止されてきました。だから、日本は世界一の長寿国なのです。

私は《虚構》による戦争が発生しづらい日本の戦争観と歴史観を日本人が大事にして世界に紹介する事が出来れば、これから世界中で起こりうる《虚構》による戦争・叛乱・テロを止められないまでも抑制できるような気がします。

「相手を滅ぼすことが正義だ」と、個人が自分の意思で戦うのが《虚構》による戦争なので、武器を持つ人たちが《虚構》に気が付いて「戦いたくない」気分になれば《虚構》による戦争は終わるからです。

②日本の戦争観……戦場では敵味方が《悪業》をなす

日本の戦争観は、十二世紀後半の源平合戦の物語「平家物語」に描かれています。

平家物語は冒頭で「祇園精舎の鐘の音、諸行無常の響きあり。沙羅双樹の花の色、盛者必衰の理をあらわす。奢れるものも久しからず。猛き者もついには滅びぬ。ひとえに風の前の塵に同じ」。

即ち、「世の中に永遠の繁栄はない。剣の上に立つ者は、剣によって滅びる」と述べています。

一方外国では、戦争に勝てば「正義が勝った」と自分たちの戦いの正当性を主張します。しかし日本では、仏教の第一戒律の不殺生（生き物を殺さない）の戒律を破るのですから、勝利者側も戦場で《悪業》をして勝利を得たと認識されるのです。

もっとも、アメリカのリベラル左派の「勝利者の自虐史観」とは違って、負けた方が被害者だとも捉えません。勝利者が殺生を犯したように、敗者も殺生を犯しているからです。

即ち、戦場では両者が《悪業》をなした。戦争そのものを《悪業》として捉えるのが、仏教由来の日本の戦争観です。ですから、「必要もないのに天皇家を滅ぼすという、《恐ろしい悪業》をしたくない」と、武将たちが考えても不思議はありません。誰でも、死んだ後では極楽往生したいですから……。

③両者悪業を為すという戦争観が、日本人の心に過去の怨念が育つことを抑止している

日本では「歴史」とは、過去の事実です。

日本では戦争に正義はありませんでした。「勝てば官軍」と言う言葉は、勝利者が政権を執るという意味で、勝利者が正義だということではありません。

事実、双方が殺人という悪業を犯す場所が戦場なので、戦争には善はありません。

その時代の様々な矛盾が話合いで解決不能になった時、戦争は起こります。

そして悲しみと苦しみの果てに、決着がつくので新たな時代が始まります。

過去の国内の戦は、新しい時代の生み苦しみでもありました。戦に勝利して政権を取った政治指導者のもたらす新しい価値観によって、次の時代が始まったからです。そして、

次の時代には、日本の敗者は負けを認めて反乱などは起こしませんでした。

本来は、これが日本の戦後処理ですが、国際社会には通じないので、戦後日本はポツダム宣言の約束を反故にされ、理不尽なサンフランシスコ平和条約に調印しました。

そして、戦火を交えなかった国々や、永世中立国のスイス、同盟国でありながら最後に連合国に寝返ったイタリアやタイという国にまで賠償金を払ったのでした。

賠償金の支払いは、一九七〇年代までかかりました。一九五〇年代の国際社会では「火

事場泥棒行為」が、国家の名誉を損なうことなく認められていたのです。

当時の日本は、この理不尽を受容しなければ、国際社会へ復帰できませんでした。だから「耐え難きを耐え、忍び難きを忍んで」「貝になって」国際社会へ復帰したのです。

それでも日本国内には、連合国への恨みが蓄積されていません。

これはなぜなのか？

戦後日本には、キリスト教文明圏の「事実の如何に関わらず、負ければ悪玉になる」という、日本の戦争観と違う「自虐史観」を押し付けられ、米国に迎合することを厭わない利得者が言論界や学会を牛耳る事になりました。この結果、今に至るまで「日本悪玉論」は国の内外で（事実に関係なく）信じるべき歴史観と認定され続けてきています。

このような事態になれば、多くの国では「それは嘘だ。アメリカの方が戦時法規違反をして、民間人を標的にして市街地を空襲して、その上広島長崎に原爆を落としたのだ。日本は真珠湾を空襲した時に、きちんと病院船を攻撃の対象から外している」と、アメリカの嘘（＝日本の違反だけを誇張して、自分の違反はなかったことにする）に対する反発心から、逆に、日本被害者史観が巻き起こります。

現に日本でも、現在まで歴史観論争は細々と続いています。

ただ日本では、「自虐史観が是か非か」という歴史観論争は、知識人の御遊びの所で止まり、一般の日本人を巻き込んだ大論争にはなりませんでした。

なぜかといえば、一般の日本人は日本古来の戦争観に従っていたからです。

日本では「歴史」は過去の事実だけです。歴史上の事象や人物の好き嫌いや、「どっちが正しいか」という個人の感想は、歴史物語のジャンルなのです。

実際、自分に都合のいい事実の断片を拾い集め、不都合なものを捨て去って物語に加工したものは、歴史物語でしかありません。

日本では過去の事象の正邪善悪は、各個人が判断するという大前提があります。

ですから一般の日本人には「負けた方が悪者にされる」という欧米の価値観は宇宙の彼方の話と同じだったので、自虐史観が押し付けられて「日本帝国陸軍が悪かった」という事になったと、頭では知っていても、実際に「自分が悪者にされた」とは、徴兵された一般の兵士達はちっとも感じませんでした。

この為に、一般の日本人は（元の兵士も含めて）、「戦争に負けただけでなく、歴史観論争にも負けた」という被害者感情を拒否しました。

自虐史観が押し付けられても、普通の人たちには他人事だったのです。

ただ、日本では占領軍に反抗する人達が殆どいなかったので、どうもアメリカ側は「一般の日本人が、自虐史観を受け入れた」と勘違いしていたようです。

しかし、日本人が（元軍人も一般人も）反抗しなかったのは、「日本は弱かったから負けた。負けを自分で認めた以上は潔くしよう」と覚悟したからです。

即ち、占領軍に対して抵抗もせず、国際社会の理不尽に耐えたのは、自分達が悪かったと思って罪悪感に沈んでいたからではなくて、武士道の美学に従ったからです。日本の戦争観に従えば、元日本兵は国際社会に糾弾される行為をしたとしても、悪人ではありません。日本人の元兵士は、次のように考えるからです。

「戦争には正義はない。普通の人間が悪業を為す場所が、戦場である。だから兵士たちは戦場では悪業を為しても、戦争が終われば悪業を為さない。よって戦争が終わった今、自分達はもう悪業を為す義務から解放された、普通の人間である」

この思考は、敵方だった米国兵にも及びます。だから米国兵を悪人だと思わないし、米国兵を恨むこともないのです。普通の日本人は、日本軍兵士を悪人だと思わないし、米軍兵士を悪人だとも思わないのです。戦争だから戦った普通の人だと判断するのです。

こうした理由で日本の言論界に蔓延する自虐史観は、多くの一般の日本人にとっては「無視してしまおう。忘れた振りをしよう。関わり合いにならないようにしよう」という事で許容されてきたのです。負けを認めた以上は潔くしなければならないからです。

このような一般の日本人が「ちっとも悪かったと思っていない」空気は、米国だけでなく中国人や韓国人も察するのでありましょう。だからいつまでもねちねちと謝罪しろ・賠償しろと言い続けてくるのだと思います。

しかし、日本だけが悪かったという自虐史観は、そもそも嘘なのですから、そんなものを強制されたら怒りから怨念が生まれるはずです。しかし押し付け自虐史観を多くの日本人が「自分には関係ない」と拒否したから、日本の中には怨念は育ちませんでした。

自虐史観を押し付けられて、大抵の日本兵はこう考えたと推測します。

「六百万人程いた日本兵の中には、一人か百人か一万人か、人数は解らないが悪い奴がいたのだろう。そういう悪い奴がアジア諸国の人達に迷惑をかけたのは、同じ日本兵として申し訳ない事だったと思う。しかし自分は、戦争はしたがそんな悪い事はしなかった。もしくは、悪い事をしてしまったが、それは命令されたからだ」

このように考えて、押し付けられた罪悪感から自分の心を守りました。だから、子孫に「自分は国のために戦ったのに、悪者にされてしまった」と晴らせぬ恨みを晴らしてくれと伝えませんでした。だから日本には怨念が育っていないのだと、私は考えます。

例えるならば、新型コロナウイルスに感染しても、自分で止めれば他の人には被害は及びません。しかし人に感染させれば際限もなく広がってゆきます。これと同様に戦争の苦しみを自分の所で止めて子孫に伝えなければ、戦争は参加した人達がこの世を去った時に終わります。

一方、子孫に恨みを伝えてゆけば、戦争が際限なく広がります。

例えば二十世紀末に、ユーゴスラビアで起こった戦争は、子孫が「過去の恨みを晴らさねば……」という心境になって発生しました。

ですから戦後生まれの日本人の私は、「第二次世界大戦の恨みを受け継いでくれ」という重荷を負わされなかった事に感謝しています。日本の先人に感謝しています。

④日本では歴史に時代区分をつける

日本では、明治時代になって日本の歴史を体系化する時に、社会全体に方式の変転があって、人々の行動様式が変わった時、それ以前を○○時代と設定する事にしました。歴史に時代区分をつけたのです。

ですから日本の歴史は、「人々はその時代に合わせた行動様式で、それぞれの人生を生きていた」という認識で受け止められるようになっています。

この方式を現在に至る歴史で用いるならば、本来は、人々の行動様式を人工的に変遷させた「終戦時」をもって、時代区分をつけるべきでした。

その時代区分がないために、「過去に日本は悪い事をした」という自虐史観者は、「現在も日本は悪い」という主張を繰り返してきたのです。

しかし前述の通りに、一般の日本人一人一人は、自虐史観を他人事だと受け止めました。そして終戦時をもって個々人が自発的に「戦後時代が始まった」と、心の中で時代区分をつけて整理しているように感じます。

⑤歴史考察における「時代設定」の意義

日本では、伝統的に、現代の価値観で過去を語りません。

平安時代に右大臣・菅原道真が、藤原氏の謀略で失脚して、太宰府で客死したことがありました。後に、謀略に関与したと思われる家の人々が早世したり、酷い嵐があって雷で皇居の建物が焼けたりしたために、京の都の人々は菅原道真の祟りだと信じて、菅原道真を祭る天満宮を建立して祈りました。主神の菅原道真は大変な秀才であったことから、現在まで「学問の神様」として信仰されています。

今の時代であったなら、仮に冤罪で客死した人がいたとしても、恨みをもった魂が、仇討ちでその子孫を殺して回り、雷となり、嵐を起こして、冤罪と知りつつ助けの手を差し伸べなかった人々を罰するとは考えません。

地震や台風で被害があっても、天の祟りとは考えません。

現代の地震対策は、建物の耐震化であり、神社を建てて祈ることではありません。

個人的に「天災が来ないで欲しい」と神に祈る人はいますが、国家を挙げて祈りを捧げれば、地震や台風が来なくなると考える人はいません。

しかし現代の日本人は、「北野天満宮を建立して、神頼みで災厄から逃れようとした」平安時代に生きた人々を笑うことはありません。

平安時代の人々は気象や科学の知識が無い中で、人智を超えた様々な事象に、「怨霊」の存在を感じていました。だから現在の人達が、地震を恐れ、台風を心配して、様々な実利的対策をするように、その時代に出来る事「祈る事」を一生懸命していたと考えるからです。つまり日本人は二十一世紀の現在の価値観で、千年前の平安時代を語ることはしません。

また、安土桃山時代という数十年が一つの時代として認識されているのは、その短い時間の価値観が、戦国時代とも江戸時代とも違っていたからです。

それまでの武士の戦う理由は「一所懸命」即ち、土地でした。自分の土地の収穫によって、配下を雇い、馬を養い、武士として戦う準備を整えるので、土地が生存の源でした。ですから戦国時代までの武士達は、自分の土地を守る為、隣の土地を奪う為に、戦っていました。

けれど、織田信長が「銭で武士を雇って戦わせる」という新しい方策で大成功したことから、土地を持たなくても武士になれる時代になり、働きに応じて支払われる「銭」で生活して、自分の腕と才覚だけで出世できる時代になったのです。

「七度主を変えなければ、一人前の武士とは言えない」と言われたように、この頃は自分を高く買ってくれる主を求めて、武士達が離合集散を繰り返していました。下級武士は下級武士なりで、上級武士は上級武士なりに、大名は大名なりに、「どこに就けば一番有利になるか」「どこに就けば生き残れるか」で仁義なき戦いに明け暮れたのです。

それが、江戸時代になると、「忠義」が第一になります。太平の世・平和を守るために喧嘩両成敗で、戦う集団であった武士達が、戦う事自体を戒められることになりました。

安土桃山時代には、生き残るための裏切りは良策でした。けれど、平和が訪れて、普通にしていれば生き残れる江戸時代になると、裏切りはご法度破りになったのです。

このように、時代の価値観が変わると、人々の考え方や行動も変わってきます。

例えば、伊勢津藩の藩祖・藤堂高虎は、浅井長政、阿閉貞征、磯野員昌、織田信澄、豊臣秀長、豊臣秀康、豊臣秀吉、徳川家康に仕えました。主君が滅亡した事もありましたが、自分から見限って新しい主君を探したこともあったようです。

そして、豊臣秀長に仕えていた頃、徳川家康の屋敷の造営を命ぜられて、図面上に警護上の難点を発見して、費用を自分で出して独断で設計変更をしました。此の事を徳川家康に問われると「天下の武将家康様にご不慮があれば、主人秀長の不行き届き、関白秀吉様の面目に関わると存じ、私の一存で変更いたしました。御不興であれば御容赦なく御手打ち下さい」と答えたとウィキペディアに載っていました。

まさしく、「豊臣家を見限って、徳川家に行くことがあるかもしれない」という安土桃山時代の発想で、主家の最大のライバルに対しても、自分を売り込んでいるのです。

これが、江戸時代になってからは、警護上の難点を目立たぬようにわざと作って、主君にこっそり報告することが正しい行動になります。ですから、藤堂高虎は、脇目も振らずに徳川家に忠誠を誓って働きました。そして、徳川家康の臨終間際の時に「伊勢津は、永世藤堂家のもの」という趣旨のお墨付きを貰う事に成功しました。

安土桃山時代であれば、「死に行く老人が、生前に書いた紙」には何の価値もありません。けれど、江戸時代には、「東照大権現（神となった家康公）の、お墨付き」は絶大の威力を発揮し続けて、藤堂家はお国変えも減封も受けずに、明治まで伊勢津藩の藩主であり続けました。

時代の価値観の変遷に、見事に対応した、藤堂高虎の名人芸でした。

けれど、藤堂高虎とは違って「価値観が変わっているので、求められている言動が変わっている」ことに気付かずに、時代の流れの中に消えて言った人達は沢山います。

例えば、土地を求めて武士達が戦っていた戦国時代までは、土地争いは大抵隣人同士で発生する為に、武力の鍛錬と同時に、隣人争いを起こさないことが生き残り術の一丁目一番地でした。この戦国時代の価値観で、隣人との繋がりを大事にして行動した浅井長政は、「仁義も過去の付き合いも関係ない。強いものについて生き残りを図る」という安土桃山時代に滅亡しました。

そして、自分に実力があれば、主君を選ぶ自由があり、時に主君に逆らう自由もあった安土桃山時代の価値観を棄てられずに、江戸幕府を開いた徳川家に絶対服従するという行動変容に乗り遅れた多くの大名が、江戸時代の初めに改易になりました。

日本では　歴史を現代の善悪で語りません。

なぜならば、時代とともに価値観がかわり、求められる行動様式＝処世術が変わるからです。「人々がその時代の価値観のなかで、精一杯に人生を生きた」それが日本の歴史の見方です。

だからこそ、日本では歴史上で社会の変遷があった時には、それ以前を「○○時代」と区分して、「その時代の価値観で人々が生きていた」と認識できるようにしたのです。

そして、現代の価値観で過去を見るのではなく、「その時代には、その時代の価値観で人々は生活していた」と見られるようにしてきたのです。

もし、時代区分を設けなければ、前の時代の英雄や偉人は、次の時代にはその地位を失ってしまい、時代が変わるたびに、歴史を書き換えなければならなくなるからです。例えば藤堂高虎などは、前半の安土桃山時代では次々に主を変えて、後半の江戸時代では徳川家康に忠誠を誓っています。つまり人生の前半と後半ではその行動様式が正反対なのですから、時代が変わったからという説明が無ければ、その人物像を把握する事が出来ません。

ですから、日本人が時代区分を設けて歴史を語るのは、過去の先人達を、善人としてでもなく悪人としてでもなく、等身大で語り継いでゆくためなのです。

⑥日本の伝統では過去の事象・人物の好き嫌いは「歴史物語」のジャンルになる

「過去の事象・過去の人物を、どう思うか」それはいつの時代も歴史好きの人々の興味を誘います。但し、日本では歴史に時代区分をつけて「今とは時代が違う」という感覚で過去の事実を冷静な目で見て、過去の事実を自分に直結させずに済むようにしていますので、過去の事実・人物の好き嫌いは「歴史物語」のジャンルになります。

日本の歴史上には、織田信長、豊臣秀吉、徳川家康、真田幸村、西郷隆盛などの「英雄」がいて、それぞれにファンがいます。「誰が一番美しい心・志で、その人生を生きたのか」、後世の人々が自分の好みや見識で、自由に過去を語ってきました。

ですから、総合的な国力を考えれば、最初から負けるのは解っていた戦争を開戦した、東条内閣と大日本帝国軍を、「日本国民と、外国の人々を苦しめた集団だ」と思うことも、「ルーズベルト大統領の謀略に嵌められた、愚か者だ」と思う事も、「謀略に嵌められた、被害者だ」と思う事も、「負けを承知で未来を切り開く為に、白人支配に挑んだ正義の人達だ」と思う事も「歴史物語」の世界では、個人の自由です。

織田信長が好きでも嫌いでも個人の自由であるように、個人の自由なのです。

もっとも、世界で流行している歴史修正主義の動きは、日本にもやってきています。

戦後、日本の学会・言論界の公式見解は自虐史観でした。それが戦後七十年を過ぎて現在に至り、ＳＮＳの発達により、個人の意見を自由に誰もが発信できるようになって、日本の自虐史観全盛にも陰りが見えてきているのです。今、ジャーナリストやコメンテーター、小説家、一般の人達が、自分の好きな歴史の一断面を歴史として語っています。

しかし、日本では銅像を倒すような事件は起こりません。日本では歴史に興味のない多数派の声なき自由意思が、現在の歴史論争を、無意識の内に「歴史物語の類だ」として、自分には関係ないと放っておく姿勢を崩さないので大きな騒ぎは起こらないのです。

声なき自由意思は、基本的に個人主義者であり、自分に直接損得が発生しない限り関わりあわずに放っておきます。「私に、迷惑かけないでね」と、指一本動かしません。

ですから、歴史に興味のない声なき自由意思は、織田信長や東条英機元首相が英雄でも悪人でも、どっちでもいいのです。信長も東条元首相もすでにこの世の人ではありません。今生きている自分に対しては何もできないので、関係ない人です。だから、彼らを好きだという人は好きでいればいい。嫌いな人は嫌いでいればいい。自分に迷惑かけないでくればそれでいいので、声なき自由意思はどうでもいいと動かないのです。

そうです。「歴史とは、過去の事実の集まりである。良い事もある。悪い事もある」という日本の伝統的な歴史観に立てば、戦時中に起こった出来事の中からアメリカに都合のいい事を拾い集める自虐史観者も、日本に都合いい事を拾い集める自尊史観者も歴史学者ではありません。彼らは「歴史物語」の語り手です。だから、歴史物語の好き嫌いは個人の勝手なので、声なき自由意思は社会的問題としては認識しないのです。

日本では、新型コロナウイルスの感染者が増えて病床が足りなくなっても、「コロナ病床を作りたくない」という病院は作りません。「第二類の感染症はとても治療できません」という口実があるのでコロナ患者の治療に関わりたくない医師は関わりません。

この「自分に直接かかわらない面倒ごとからは、極力逃げようとする」日本人の習性は、歴史問題でも如何なく発揮されています。

即ち、日本の声なき自由意思は、歴史問題でも、関係ない第三者として自虐史観にも自尊史観にも組せずに、過去の事実だけを歴史と認める中立性の土台となって社会を安定させる重しとして機能しているのです。

第五章　現在の世界情勢における《虚構》の存在と、日本文明の利用方法

一　現在の世界情勢だと、近未来に再び《虚構戦》が発生する可能性がある

現在の世界には「(米・中・イスラム）文明の軋轢」「経済格差による各文明内部の動揺」「人種差別に対する不満」が充満しています。

ただ、このような言葉を使うと、世界情勢は大変な事になっているような気がしてきてしまいますが、「経済格差による各文明内部の動揺」はともかくとして、「文明の軋轢」も「人種差別に対する不満」も、元々は《虚構》であります。

前述しましたが《虚構》によって人種・民族・宗教的な集団が他の集団に対して敵対感情をもって、「敵を殲滅させることが正義である」という意識が集団内で共有されてしまうと、社会的動乱が引き起こされます。故に、今世界では大変なことが起こっているような気がするとしても、数百年後には「一体何で、あんな事で殺し合ったのか」理解できなくなるだろうという事で、今「世界が大変だ」という事になっているのです。

つまり、現在の「文明や人種間の危機」は、キリスト教世界で、旧教徒と新教徒が殺し

合ったのと同じ事です。

人類は「人から聞いた話でネアンデルタール人は悪魔のような気がするから、殺しつくそう」とネアンデルタール人を地上から抹殺しました。

そして今「人から聞いた話で、アメリカは悪いような気がする」「人から聞いた話で、中国は悪いような気がする」「人から聞いた話で、イスラム教徒は悪いような気がする」と多くの人達が感じる事で、文明間の軋轢が生じています。

さらに「人から聞いた話で、白人は悪いような気がする」と感じている人達が、デモや略奪に走り始めています。

今はまだ、「悪いような気がする」という所で止まっています。

しかしこれが「悪いような気がするから、倒さなければならない・殺さなければならない」→「敵を虐殺するのが正義である」と感じた一部の人達が、先に虐殺戦を始めると、次には復讐の連鎖になります。最初は虚構でも、略奪や虐殺が実際に発生すると、それ以降は双方の実際の復讐戦になってしまうのです。

例えば前世紀末のユーゴスラビア紛争も、クロアチア人が「悪いのはセルビア民族だ」セルビア人は「悪いのはクロアチア民族だ」という《虚構》を信じられたから、虐殺戦になりました。すると、現実に発生した虐殺に対しての復讐心が芽生えて、敵方を殺すことが目的化してしまったので、双方に虐殺が発生しました。

ただ、クロアチア人とセルビア人だけは、互いに「こちらは一切酷い事をしていない。悪いのは全部向こう側だ」というあり得ない《虚構》を多くの人が信じていましたので、虐殺戦もできました。しかし国際社会は信じていないので、ユーゴスラビア紛争が世界的動乱を引き起こすことはありませんでした。

しかし「文明や人種」の虚構は、世界に広がっています。

しかも、中国の夢の実現のために、中国人によって「黒人は、白人によって奴隷にされた被害人種である」という《虚構》と、この《虚構》と同位体の「有色人種は被害者だ」という《虚構》を使って、世界で人種対立感情を煽られると、世界中で動乱が自然発生する状態になりかねません。ですから、今はまさしく世界的動乱が起こるか起こらないかの瀬戸際なのだと思います。

二　《虚構戦》は、感情の戦いである

《虚構戦》とは「人から聞いた話で、自分達は正しいが敵は悪いような気がするから、倒さなければならない」という感情による戦いです。

日本文明は話合い解決を目指しているので「誰もが認めるしかない《事実》だけを土台にする」ので、《虚構戦》は論理的には発生しません。日本では歴史も過去の事実です。「この人が英雄だ」という個人の感情は、歴史物語です。

そして、日本では話合いをする時に「自分にとって都合のいい話だけを継ぎ合わせて、都合の悪い事実はなかったことにする」態度は「自分勝手」と言われて軽蔑されます。自分が得をしたいという《感情》で畳みかける態度は、大人げないと嫌厭されます。

しかし、外国では「自分勝手」をもとに利益を得ることが強者と判断される事もあります。そして国際社会では「自国勝手」な理屈で相手を言い負かせば、「外交的勝利」と称えられるのです。つまり自分が得をしたいという《感情》が、大手を振って威張っているのです。結果として、自分が得をしたいという《感情》こそが「正義だ」という《虚構》

が生まれるのです。

「自分が得をしたい」という《感情》と表現すると聞こえが悪いので、一般的ではありません。どちらかといえば「自分は被害者だから、賠償されるのが正義だ」とか「自分は被害者の子孫だから、優遇されるのが正義だ。復讐するのが正義だ」という《感情》と表現する方が一般的かもしれませんが、賠償も優遇も復讐の権利も「自分が得をしたい」事に他なりません。

《虚構戦》の厄介な所は、その虚構を信じていない人達には暴挙でしかない事が、信じている人達には正義になってしまうことです。元々が感情なので、理性的に客観性を持つことができないのです。

自分は善だと感じる事。自分達は正しいと感じる事。自分達は正義で、敵が悪いと感じる事。これらの感情は自然に浮かんできます。だから、多くの人達が数百年後の子孫が首をかしげる虐殺戦を、正義の業と信じて実行してしまうのであります。

①自分達の仲間に都合のいい《虚構》を信じるのは、簡単なのだと思う、個人的体験

実を言えば、私は瓶から直接はコカ・コーラが飲めないのですが、それは次の体験をしたからでした。第二次世界大戦中に白人の兵士達が、楽しそうに笑いながら日本人兵士の頭部を煮詰めて頭蓋骨を作成している写真を見てショックを受けたからです。その後で、TVで「スカッとさわやかコカ・コーラ」の宣伝を見て、白人のハンサムボーイが太陽の光を浴びてコーラを飲んでさわやかに笑うシーンを目にした時に、私にはその白人のハンサムボーイが黒いマントをかぶって釜を持つ死に神に見えたのです。はっきり言えば、幻覚です。

しばらくこの地上から音が消えてしまったような、不思議な体験でした。

そして不思議はまだ続きます。以来私は「独特の形をした瓶のスカッとさわやかコカ・コーラ」が飲めなくなりました。口に含むとゾクッとします。すぐ吐き出して、その後ウガイをしても、胃が重くてケプケプします。

多分トラウマという奴でありましょうが、人間とは不思議なモノだとつくづく感じます。何しろ、レモンと氷を入れたグラスに缶コーラを注ぎストローで飲むと美味しいのですから、自分でも訳が解りません。

幸いなことに、私は、第二次世界大戦とは全く無関係の、現在の白人男性に生理的嫌悪感を覚えるようにはなりませんでした。良かったです。もしあの写真を見たせいで、関係のない人達への嫌悪感を植え付けられたら、私は心の中で理性と感情との葛藤に苦しむことになったでしょう。ホント、助かりました。実際の生活面でも助かっています。テレビ画面には白人男性がよく登場しますから、テレビが見られなくなったら大変でした。

このように、論理では説明できない感情や身体反応が発生するのですから、おそらく私は《日本》という存在に、無意識のうちに一体感を持っているのだと思います。

ただこれは私個人の反応であり、同じ日本人が同じ体験をしたとしても、スカッとさわやかコカ・コーラを飲まなくなるわけではありませんが、人間は誰しも自分により近しい存在に自然に親近感を感じるものです。

「世界は一家。人類は兄弟」と掛け声をかけてみても、その親近感・一体感の大きさは違います。普通の人は、家族→親族→同郷の人→同国人→同文明国人→地球人→宇宙人へと親近感は薄れてゆきます。ですから人種が違えば、自然に違いを感じても不思議はありません。他人に「感じるな」と命令されても、また自分で「感じないにしよう」と制御しても、感じてしまうモノだと思います。

②仲間内で自然に感じる一体感が、違う人達への敵対心を育てると《虚構戦》となる

自分達の仲間に自然に感じる一体感・親近感は、他のグループに対する敵対心を育てる土壌になりやすいという困った特徴があります。ひとたび他のグループに対する敵対心が育つと、元々が自然発生する親近感なので、理性で歯止めがかからなくなるので危険なのです。

敵対グループを攻撃するのが正義なのだと、《信じる事が出来る》からこそ、後の世に、人類の敵と後ろ指をさされる行為を、《実行する事が出来る》ようになります。

例えば、ナチス・ドイツのＳＳ隊員は「ユダヤ人は、人類の敵だ。殲滅させることが正義なのだ」という虚構を信じられたから、ホロコーストが出来たのです。

そして同じ第二次世界大戦中に「日本民族は野蛮で残虐だ」という虚構を信じたからこそ、米軍兵士は、戦死した日本兵の頭部を大鍋で煮詰めて頭蓋骨の置物を作成して、頭蓋骨観賞を楽しむことができたのです。この日本兵の頭蓋骨鑑賞はアメリカの一般人にも是認されていました。なにしろ、「恋人から贈られた、日本兵の頭蓋骨を眺めるアメリカ女性」の写真が、米国の一流紙タイム誌の表紙になりました。この時には（脇役ではありましたが）日本兵の頭蓋骨がタイム誌の表紙を飾ったのです。

敵兵の頭蓋骨を楽しむなど、およそ趣味が良くない。まさしく野蛮人の所業です。けれどこの時の米国人は、「自分達は野蛮人だ」とは感じていなかったと思います。虚構を信じていたので「自分達は、野蛮人のする事をしても野蛮人ではない」と感じていたのです。

真に、人間とは不思議なモノでございます。

ただ、人間の感情が不思議であっても、過去には実際に「カトリックは悪魔だ」とか「プロテスタントは異端者だ」とか「インディアンは野蛮人だ」とか信じて、正義の名のもとに不必要な虐殺行為がなされました。

そして今、キリスト教文明圏の人達も、イスラム教文明圏の人達も「自分達の信じる善は普遍的な善だ」と信じています。中華文明圏の人達は「自分達の正しさは、普遍的な正しさだ」と信じています。更に能天気なキリスト教文明圏のリベラル知識人が、全世界の黒人に「自分達は奴隷貿易の被害者だ」という虚構を信じさせようとしています。

ですから私は、近未来に、敵対者を攻撃するのが正義だと信じる人達が増加して、後の世に人類の敵と後ろ指をさされる行為＝虐殺戦を実行しても不思議はないと心配です。

三　近未来に問題になりそうな《虚構戦》と、その《虚構から覚める》方法（中国）

①中華民族が夢から覚めて貰えば、米中対立は穏やかになる

虚構戦は、当事者が虚構から覚めれば収束します。ですから米中対立や、欧米キリスト教文明圏と中華文明圏の対立は、両者が虚構から覚めれば収束します。

具体的に申しますと、欧米キリスト教文明圏の人達が「キリスト教文明圏の掲げる善は普遍的な善なので、全人類に広がるべきだ」と思わなくなる。

また中華文明圏の人達が「中華文明圏の掲げる正は普遍的な正なので、全人類に広がるべきだ」と思わなくなる。

この二つが起これば、欧米キリスト教文明圏と中華文明圏の対立は収束します。ただその文明圏で肯定される感情が変わるのには、百年単位の時間がかかりますが、百年待っている時間的余裕はありませんので、対立を緩和させる何かをした方がいいです。

まず、欧米キリスト教文明圏の人達は「キリスト教文明圏の掲げる善は普遍的な善なのだ」と思っていても、ウェストファリア条約の成立から「相手がどんな信仰をもっていても、攻撃しない」という態度を継続しています。また第一次・第二次世界大戦の経験から、「総力戦はやりたくない」という国民の希望を政府は無視できなくなりました。

ですから、中華文明の方から挑まなければ、欧米キリスト教文明圏の人達から、積極的に中国と戦争を始めるという事はありません。

一方で中華文明の方は、「簡単に勝てる戦争」なら望んでしまいます。ですから戦争を止めるには、中国人に「戦えば負ける」と判断させる状態に保つことが必要になります。

これは今のところは出来ています。しかし、この先、百年・二百年となると大変です。ですから、中国に対しては、軍事的バランスを保つことの他に、中国人に《虚構》から覚めて貰えるように「中国の夢はかなわない」という、誰でも解る現実を中国人に伝える努力も併せてした方がいいと思います。

なぜならば、「全世界が中国に従うべきだ」と感じてしまっていても、実は中国人は現実的なのです。ですから、「やろうとすれば損する」と、自覚する中国人が増えれば「中国の夢」を実現させようという動きは（一旦は）止まります。

即ち「中国の夢」と「自分の財布・自分の命」をハカリにかければ、中国人は後者を選ぶので、「中国の夢は実現不可能で、このまま進むと中国は損する」と、**中国人が納得できる説明**をすることは、世界の中国問題に対しては有効です。

●中国の夢の実現可能性

中国の夢が実現して、「全人類が中国に服従するようになる」可能性は〇％です。

現在中国ではウイグル・チベット・モンゴルで民族浄化を行って、その地域を中華文明圏に取り込もうとしています。

この中国の動きは、欧米世界からの批判を集めています。

中国だって、本音では批判されたくないはずです。

しかし、民族浄化を行っている。これはなぜなのか？

その理由はこうです。

ウイグル・チベット・モンゴルの三民族は、自分達の住む土地が中国の領土に組み込まれても、自分達の《基準》を中華文明圏の《基準》に変えませんでした。

その状態が数十年続き、三民族の人達が自ら進んで《基準》に変えないことに、業を煮やした中国共産党指導部は、「それならば、実力で実現させよう」として実行段階に入ったのです。だから中国共産党指導部は「中華文明圏で大過なく生きのびる為には、伝統的なイスラム教や仏教の信仰を捨てて、中国の最高権力者に服従するという、中華文明圏での正しい言動をしなければならない」と強制的に基準化しているのであります。

この中国国内での強制的な《基準》の変更が実現するかしないかは、私には測りかねます。ただ、中国国内で《基準変更運動》が実行できているのは、中華民族が十三億人いて、ウイグル人が一千万人程度という人口差によって実行可能なのです。

一方、十三億人の中華民族が、二十六億人のキリスト教徒と二十一億人のイスラム教徒をウイグル人のように強制収容所に入れて「地球で生きのびる為には、中国の最高権力者に服従するという、中華文明圏での正しい言動をしなければならない」と、強制するのは無理です。かといってキリスト教徒とイスラム教徒が、自ら進んで「神を捨てて、習近平主席に服従する」事はあり得ません。ですから、中国の夢が実現して、「全人類が中国の最高指導者に服従するようになる」可能性は〇%です。

ところが、中華文明圏の人達は、なぜか「実現しない」と気が付かずに、中華文明を盛り立てようとして、自分達で頑張って墓穴を掘っているのです。

ですから、「ウイグルでやっているようなことが、世界で出来ると思いますか? 世界中で袋叩きにあって、追い出されるに決まっていますよ」と、中国人に言ってあげて、「中国人に見果てぬ夢から覚めてもらう事が、世界の為だ」と私は考えます。

四　近未来に問題になりそうな《虚構戦》と、その《虚構から覚める》方法（人種問題）

①白人の自尊史観が、自虐史観に逆転した結果

アメリカの歴史観は、しばらく前までは「白人は善である」という歴史観でした。それが事実ではないと指摘されました。それならば事実で修正すれば問題はないのですが、善悪を逆転させて、今度は「白人の過去は罪深い」になってしまいました。

この為に、「黒人層が自分達は被害者の子孫だ」と恨みを持って復讐心に駆られるようにＢＬＭ運動などが発生して、国家の亀裂が大きくなっています。

私は、これはとても危険な事だと思います。

欧米キリスト教社会では、自分達に都合のいい事実だけを積み上げて、敵と定めたグループを殲滅してきました。自分達の仲間内で自然に感じる一体感で、違うグループへの敵対心を育てて、《虚構戦》に勝利をし続けてきました。

ですから、「どうも自分達に都合のいい事実と虚構だけの歴史観は、間違っていた」と感じる人が現れても不思議ではありません。

しかし、ここで「歴史上の事実に対して、善悪の判定をしなければならない」という思い込みを捨てなかった為に、歴史を事実に修正するのではなくて、歴史の善悪を逆転させ

てしまったのです。

そして「自分達に都合のいい事実と虚構だけの歴史が正しい」という認識から、「自分達に都合の悪い事実と虚構だけの歴史が正しい」という認識に逆転させました。

結果、取り上げる事象は違っていても、事実の歴史にはならずに、新たな虚構の歴史観が社会に蔓延する事になりました。

即ち、欧米のリベラル系の知識人は、白人に都合の悪い事実だけを積み上げて、黒人の人達の心の中に白人への敵対心を育てて、新たに白人が悪者として登場する《虚構の歴史》を作り出したのです。

欧米のリベラル系の知識人は、良かれと思ってやったのかもしれません。

しかし「白人キリスト教徒は、善なる支配者だ」という虚構が、「黒人は善なる犠牲者だ」という虚構に変わっても、虚構である事には変わりはありませんので、**仲間内で自然に感じる一体感が、違う人達への敵対心を育てると《虚構戦》となるので、「未来に向けて、新たな危険を作り出したのだ」と、私は思います。**

②人種差別感情の解消方法

現在では、法的な人種平等は達成されていますが、人種差別感情は存在しています。とするならば、対立関係を解消するには、《事実》に基づいて話合いをしなければなりません。自分達にとってだけ都合のいい《お話》を相手に信じろと強要していては、感情的対立は悪化するだけです。

ですから人種的な対立感情を解消に向かわせるためには、一方にだけ都合のいい《お話》を振りかざすのは止めて「《事実》に基づく歴史を確立する」事から始める以外に道はありません。

●「黒人は、白人に奴隷にされた被害人種である」という説は《虚構》である

本来の歴史的事実には、自分達に都合のいい事実と都合の悪い事実の両方があります。しかし、往々にして世界の多くの国では自分達に都合のいい事実だけで、歴史を語ります。現に「黒人は、白人によって奴隷にされた被害人種である」という説は、黒人の側で自分達に都合の悪い事実を削除した歴史認識です。

奴隷貿易の歴史を事実で追えば、被害者と加害者は人種では分けられません。奴隷貿易

の利得者は、白人の奴隷貿易商人と、アフリカ大陸で別部族に戦争を仕掛けて獲得した捕虜を奴隷商人に売って贅沢な生活を楽しんだ黒人の部族長達です。

ですから過去の事実は、「奴隷貿易で利益を得ようとした一部の白人と黒人によって、一部の黒人が被害を受けた」です。

現に、ポルトガル人が日本に来ていた十六世紀に、九州の大名達は鉄砲の硝石と交換する為に、日本人を奴隷として売りました。それが豊臣秀吉の九州征伐で露見して、ポルトガルの人身売買に関わった聖職者達が断罪されました。そして、おそらくポルトガルに厳重抗議をしたのでしょう。ポルトガル国王は日本人の奴隷売買を禁止しています。

このように、奴隷を送り出す側が抵抗すれば、銃があっても人数で負ける奴隷商人では、奴隷を集められません。奴隷貿易は白人と黒人が協力したから実現したのです。

また、この状態を人道的に問題があると、奴隷貿易の禁止に動いたのは英国でした。一八〇七年奴隷貿易を禁止する法律を策定して、ナポレオン戦争の終結後、英国海軍は、カリブ海で奴隷船の拿捕と奴隷の解放を行いました。

このような時代の流れの中で白人社会の中で啓蒙活動がなされて、アメリカの白人の中で奴隷制度反対派の声が段々に数を増して、南北戦争後に奴隷解放に至るのです。

また、注目すべき事実もあります。

英国の人道主義者達は解放された黒人奴隷達の居住の為に、アフリカにリベリアという国を創りました。英国人の予想では、解放奴隷は「英国に解放された事に感謝して、他の黒人達を自分達のような悲惨な目には合わせたくない」と考え、英国の指導の下に故郷アフリカの地で民主的で平穏な国を創るはずでした。

けれど、解放されリベリアに入植した元奴隷達の一部の人達は、英語力や農業技術を使って、自分達が奴隷の所有者になって農園を経営し始めたのです。

この事象から考えられることは、アメリカに奴隷として売られた被害者であった黒人達は、奴隷制度を認めていたから、奴隷として生きることが出来たのだと考えられます。

インディアンと呼ばれたネイティブアメリカンが七千万人も存在していたのに、入植した白人達が彼らを捕えて奴隷にするのではなく、殆どを殲滅させてしまったのは、ネイティブアメリカンは奴隷として生きることが出来なかった為ではないでしょうか。

そして、奴隷制度を認めていたから、奴隷として生存できたアフリカ出身の解放奴隷達は、奴隷の所有者に立場を変えることが出来たのだと思います。

過去の事実をまとめます。

奴隷貿易は、白人の奴隷貿易商人と、黒人の奴隷収集人の共同で行われていました。そして白人の農場主が、黒人を奴隷として使役しました。

この状況を人道的でないと考えた、米英の一部の白人が奴隷反対運動をしました。

そして、奴隷解放が達成しました。

また、中世から近世まで、イスラム諸国には白人奴隷が存在しました。

つまり、過去の事実を認識すれば、奴隷問題は、人種的問題ではなく、制度の問題であったことが解ります。

けれど現在の白人の自虐史観では「黒人が被害者で、白人が加害者だ」という事になり、黒人の部族長が奴隷貿易の利得者だったという事は都合良く忘れ去られています。

常識で考えれば、僅か数十人の白人の奴隷商人が、アフリカ大陸で数百人数千人を相手に奴隷狩りなどできようはずもありません。

南アメリカ大陸で、人数で負けるスペイン人が大陸を征服できたのは、天然痘という病気によって南アメリカの人達が自滅してしまったからです。

一方、紀元前から白人に知られていたアフリカ大陸が十九世紀まで西洋列強の植民地にならなかったのは、アフリカに蔓延する様々な風土病によって、白人が大陸の奥深くに立ち入る事が出来なかったからです。この点でも、黒人の部族長の協力がなければ白人には黒人奴隷を駆り集めることができなかった事は明白です。

故に「黒人は、白人に奴隷にされた被害人種である」という説は《虚構》であります。

過去の事実は、白人も黒人も「良い事も悪い事もした」です。

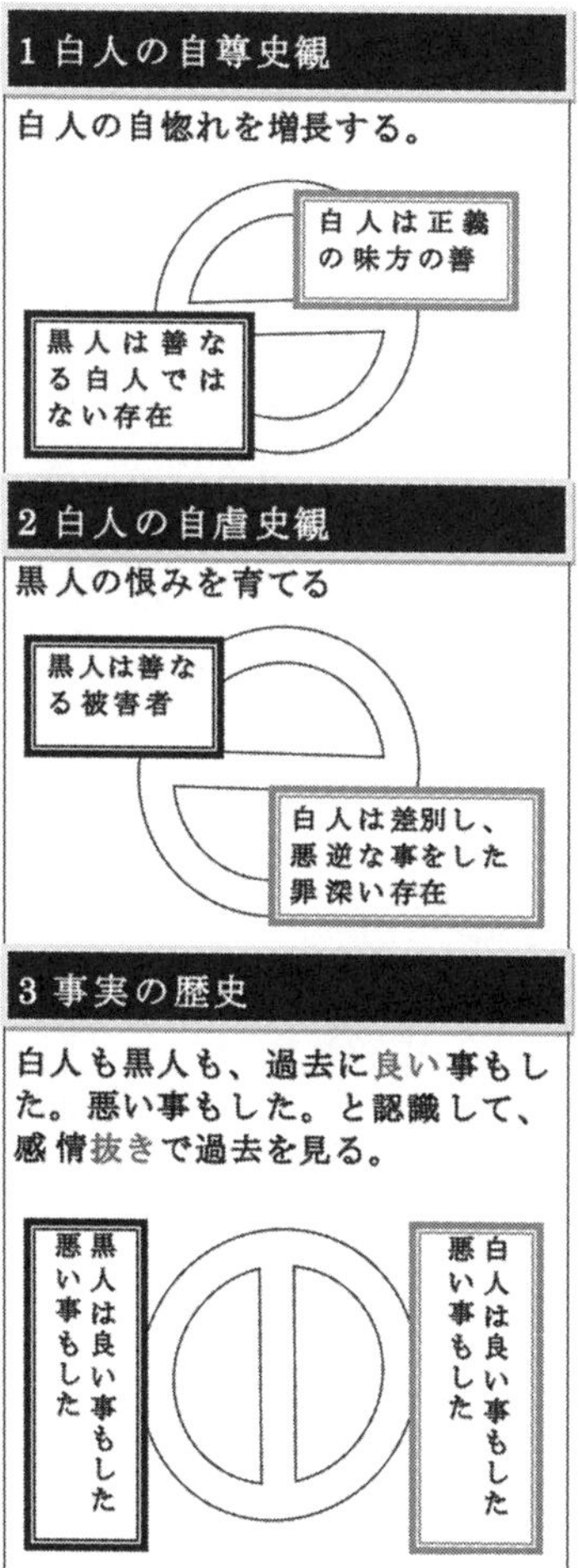

●現在の、人種差別感情との正しい対し方

現在の人種差別との戦いは、過去のモノとは徹底的な違いがあります。

なぜなら、法的には人種平等が実現している中で、「今の人種差別とは何か？」といえば、それは「有色人種は、野蛮で劣った人種だ」と、一部の白人の心の中にあるだろうと世間的に認定されている人種差別《感情》だからです。

「白人がそう思っているに違いない。だからあんな差別用語を使い、酷い態度を取るのだ」と、黒人・その他有色人種の人達が感じていることです。ですから、今までのような抗議デモをして、立法化を目指すというような方法では効果は見込めません。

というか、白人層の中にあるという人種差別《感情》も、黒人層の中にある人種差別への抗議《感情》も、両方とも個人の心に浮かぶ《感情》なので、本来政治に出来る事はありません。

例えば、アメリカで大問題になっている白人警官の人種差別を解消しようとして、「白人のA警官が、黒人の自分に好意を持つようにしろ」と、大統領に要求しても、これは無理と言うモノです。白人のA警官の感情は、大統領でも変えようがないのです。

では、どうすればいいのでしょうか？

人の心に浮かぶ感情は、別の事を感じることで変わります。ですから、人種差別感情とは「有色人種は野蛮な非文明人だ」と感じることがもとになっているので、白人諸氏に「有色人種は紳士的だ」と感じる《実体験》をして頂ければいいという事になります。

つまり、有色人種の方で「**ジェントル運動**」を進めていけばいいことになります。

事実、過去に成功した反人種差別解消運動は、いずれも「有色人種は紳士的だ」と行動によって示したことで成功しています。

人種差別感情を軽減させた過去の事例を、2例挙げます。

●戦前のバンクーバー朝日軍の事例

戦前のバンクーバーで、日系人の野球チーム・バンクーバー朝日軍は白人の野球チームからラフプレーを繰り返されたり、審判の不公平な判定を受け続けたりした時に、それでも、怒らず批判せず、スポーツマンシップを失わずに誠実にプレーを続けているうちに、白人の観客の中から、白人チームのラフプレーや審判の不公平判定にブーイングが発生するようになりました。そして、いつしか朝日軍に白人ファンがついて、白人チームや審判もひどい人種差別を行わなくなったという事例です。

●アメリカ公民権運動の際のモンゴメリー・バス・ボイコット運動

一九五五年十二月一日米国のアラバマ州モンゴメリー市営バスに黒人のローザ・パークスが乗車し、前列の白人優先席に座った為に、バス運転手が席を空けるように指示したのに従わずに逮捕された事をきっかけとして、モンゴメリー教会のマーチン・ルーサー・キング牧師がバス乗車をボイコットするように呼び掛けた所、多くの黒人市民がこれに応じたために、バスの乗客が激減し市のバス事業は大きな打撃を被った。結局、翌年十一月連邦最高裁判所が、モンゴメリーの人種隔離政策に対して違憲判決を下し、運動は成功裏に終了した。

この二つの事例の共通項は、理不尽な扱いを受けても、自分達はルールや法律を守る誠実な行動を取り続けた事です。

バンクーバー朝日軍をみた多くの白人の観客は「あれ、野蛮でずるいルール破りのプレーをするのは白人チームで、日系人チームは文明人として高潔なプレーしているじゃないか」と感じたでしょう。

モンゴメリー・バス・ボイコット運動のニュース映像を見たアメリカ全土の関係ない白

人は、「元々、黒人を後ろの席に押し込めるのが非文明的なのに、この不当な仕打ちに対して黒人は一致団結して理性的に法律を侵すことなく誇らしげに抗議している。極めて文明的な態度だ」と感じたでしょう。

ですから両方とも、多くの白人の心の中にあった「有色人種は、野蛮でずるくて愚かである」という人種差別的偏見を、高潔な行動を取ることによって「有色人種も文明的である」という感情に変えさせたのです。

ですから、人種差別的な言動を受けた時の適切な対応は、礼儀正しく高潔な姿勢を崩さない事になります。

例えば、ある白人店主に、黒人の客が「（野蛮人の）お前には、モノは売りたくない。よそに行け」と言われた時に、黒人客が「何だとこの野郎」と殴り掛かったら、白人店主は暴力で店から追い出した後で「あの黒人客は　やはり野蛮な奴だった。追い出して正解だった」と自分の偏見を肯定します。

一方「他所へ行け」と言われた黒人客が、「それでは失礼します」と会釈をして余裕のある態度でゆっくりと退場したら、真正の人種差別主義者は「良かった」と思うかもしれませんが、中には「あれ一人上客を追い返してしまったかもしれない。しまった」と思う人もいるかもしれません。

いずれにせよ、人種差別的言動を投げつけられた時に、瞬間的に心に浮かぶ憤りを抑えて、にっこり笑い紳士的に丁寧に応対する事こそが、相手の人種差別感情に対して「あなたの感情は間違っている」という何よりの証左になります。

人種差別感情をぶつけられる事は、理不尽です。

しかし、理不尽な扱いを受けたからといって、過激なデモの暴言・暴力・略奪という手段を使ったら、「やはり黒人は野蛮な非文明人だ」と感じさせてしまうので、一部の白人の心の中にある偏見を肯定してしまうのです。

即ち、米国のリベラル知識人の推奨する、白人に都合の悪い事実だけを抜き出した《歴史物語》を信じて、「黒人は復讐しても良い」と考えるのは、自分の首を絞める行為なのだと、有色人種の一人である私は考えます。

③アメリカ史に「歴史区分」をつけて、歴史を観ると……

私は、何も過去の事象で未来に災厄を呼び込むことはないので、アメリカの歴史にも、時代区分をつけた方がいいと思います。アメリカの歴史は独立戦争までの「植民地時代」、南北戦争までの「自由連合時代＝奴隷容認時代」、公民権確立までの「州権連邦時代＝人種差別容認時代」そして、現在に区分できます。その四つの時代で人々の価値観が徐々に変化している為に、人々の行動が変わっているので、歴史を区分するのが妥当です。

植民地時代には、植民地としての価値観で人々は生活していました。

その時代の中で、本国からの収奪と差別を解消する為に、独立戦争を起こしました。

次の奴隷容認時代には、奴隷容認の価値観で生活していました。

奴隷制は独立時にも議論になりましたが、意見の集約が出来なかった為に、奴隷制を容認するかどうかは州政府の管轄とされました。奴隷制は南北戦争で否定されました。

人種差別容認時代には、白人優位の価値観でした。

奴隷制度は法律違反となりましたが、人種差別感情は人々の心に残り続けていましたので、アパルトヘイトという制度が実行されました。そして、南北戦争からおよそ百年後の、一九六四年に公民権法が成立して、法的には人種平等が達成されたのです。

④社会の価値観が変わるのには時間がかかる

価値観の変遷でアメリカに時代区分をつけると、独立から南北戦争までは九十年、公民権法成立までは百年という時間がかかっていることが解ります。

これは社会の持つ価値観とは、個人の心の中の価値観の集合体なので、法律が出来たからといって一朝一夕に変わるものではないからです。

例えば、奴隷から解放された黒人諸氏は、アバルトヘイト（人種隔離政策）にすぐさま抗議を始めませんでした。

これは、解放された元奴隷達は、白人の主人から好き勝手に鞭うたれる事がなくなっただけでも、良かったと認識した為かもしれないと思います。貧しくても奴隷でなければ逃げることはできるので、ましになったのです。また、白人の心の中の人種差別感情が強い事を察して、抗議しても無駄だと思ったのかもしれません。

それが、解放奴隷の子供や孫の代になると、初めから奴隷ではないので、差別待遇の不条理を感じるようになります。識字率も上昇して合衆国憲法が理解できるようになれば、尚更です。特に、第二次世界大戦や朝鮮戦争に徴兵されて、国家の為に多数の黒人兵士が命を捧げるようになりますと、「自分達は白人と同じように国家の為に戦った。白人と同じ権利が保障されるべきである」と差別は受け入れがたいものになります。

こうして、公民権運動が全米に広がりました。

公民権が立法化されますと、アパルトヘイト時代に生きていた人達は、一応の満足に浸ります。バスの座席に自由に座れる。行けなかった学校にも行けるようになる。精神的差別感情は変わらずに、時に心無い言葉を投げかけられても、目に見える変化を獲得し前よりましになった事は、事実だからです。

けれど、やはりアパルトヘイトを知らない子供や孫の世代になると、目に見えない差別感情に怒りを覚えるようになるようです。

社会の価値観が変わるということは、その社会を構成する人々の持つ価値観が変わるということです。けれど、一人の人間は成長過程で培った価値観を変える事はなかなかできません。社会制度が変われば、行動をその新制度に適応させても、内心や湧き上がる感情を変えることはできません。

この為に、新しい制度の中で育つ子供達によって、新しい価値観が育まれてゆくことになりますが、それに要する時間は、二〜四世代、即ち百年近くの時間がかかることが、アメリカの黒人解放運動によって示されているのではないかと、私は感じています。

⑤人種差別感情は、年と共に減少している

私達有色人種にとっては、白人の心の中にあるという人種差別感情は、気分の良いものではありませんが、それでもこの七十年余で白人の心の中から確実に減少しています。

なぜこう言い切るかといえば、第二次世界大戦時に日本軍の召集兵であられた元京都大学教授会田雄次氏が戦後ビルマ（現ミャンマー）で捕虜生活をされた時の体験記『アーロン収容所―中公新書』からは、当時の英国人の多数派は、有色人種を同じ人間とは感じていなかった事が読み取れます。それに比べれば、現在の白人の多数派は人種差別感情から解放されつつあるように感じるのです。抜粋で引用いたします。

アーロン収容所より　女兵舎の掃除

英軍兵舎の掃除というのは、一番イヤな作業である。もっとも激しい屈辱感を与えられるのは、こういう作業のときだからである。…

まずバケツと雑巾、ホウキ、チリトリなど一式を両手にぶらさげ女兵舎に入る。私たちが英軍兵舎にはいるときは、たとえ便所であろうとノックの必要はない。これが第一いけない。私たちは英軍兵舎の掃除にノックの必要なしといわれたときはどうい

うことかわからず、日本兵はそこまで信頼されているのかとうぬぼれた。ところがそうではないのだ。ノックされるととんでもない恰好をしているときなど身支度をしてから答えねばならない。捕虜やビルマ人にそんなことをする必要はないからだ、イギリス人は大小の用便中でも私たちが掃除しに入ってても平気であった。…

　タバコをお礼にくれたりするものがあるので、かえってこの（女兵舎の掃除）を喜ぶ兵隊もいたが、私は大嫌いだった。…たしかに私用だと思われる仕事をしたことがあっても、イギリス人からサンキューということばは一度も耳にしなかった。…しかも、タバコを手渡したりは絶対にしない。口も絶対にきかない。一本か二本を床の上に放って、あごで拾えとしゃくるだけである。もらわないと変にこじれて仕事が多くなると困る。しかたなしに拾うのだか、私の抵抗は、できるだけその女兵士の見ている前で、働きに来ているビルマ人かインド人の苦力たちにそれらをやることである。…

　この女たちの仕事で癪に障るもう一つのことがある。足で指図することだ。たとえばこの荷物を向うへ持っていけというときは、足でその荷物をけり、あごをしゃくる。よかったらうなずく、それだけなのである。

> その日、私は部屋に入り掃除をしようとしておどろいた。一人の女が全裸で鏡の前に立って髪をすいていたからである。ドアの音にうしろをふりむいたが、日本兵であることを知るとそのまま何事もなかったようにまた髪をくしけずりはじめた。部屋には二、三の女がいて、寝台によこになりながら『ライフ』か何かを読んでいる。何らの変化もおこらない。私はそのまま部屋を掃除し、床をふいた。裸の女は髪をすき終わると下着をつけ、そのまま寝台に横になってタバコを吸いはじめた。
>
> 　はいってきたのがもし白人だったら、女たちはかなきり声をあげ大変な騒ぎになったことと、思われる。しかし日本人だったので、彼女らはまったくその存在を無視していたのである。

　これは、もはや「凄い！」としか言いようがありません。現代では、人種にかかわらず女性が用便中のトイレの個室に男性が入ったら、その男性は全女性の敵になってしまいます。

　なぜ七十年前のイギリス女性は平気だったのか？　それは、有色人種は普通の感情を持つ人間とは認識していなかったからだと思います。お掃除ロボットが床を這い回っていると見ていたのだと思います。もっとも、日本人だったらお掃除ロボットでも、「ルンバ君が頑張ってくれている」と感じる所ですが、タバコを床に放るのであれば「床を這い回っている」と認識していたと表現する方が近いでしょう。

これに比べれば、現在の白人の人種差別感情はないに等しいモノです。本当に当時は、有色人種は動物に近いと思われていました。再び『アーロン収容所』から引用します。

> 日本人はヨーロッパ人の動物飼育の感情を理解できるだろうか。彼らは豚を可愛がる。豚は食用になるからだ。殺すことと可愛がることは矛盾しない。家畜に関しては使用することも食用になることも同じ意味で「役に立つ」のである。この点は日本人の考え方の方がおかしい。牛肉は大好きなくせに、殺すことと殺す人を嫌悪する風習がある。ヨーロッパでは、毛皮業者や食肉業者の社会的地位が昔から高かったのである。
>
> しかし、生物を殺すのは、やはり気持ちのよいものではない。だからヨーロッパではそれを正当化する理念が要求された。
>
> キリスト教もそれをやっている。動物は人間に使われるために、利用されるために、

食われるために、神によって創造されたという教えである。…

ところでこういう区別がみについてしまうと、どういうことになるのだろう。…信仰の相違や皮膚の色がその基準になった例は多い。いったん人間でないとされたら大変である。殺そうが傷つけようが、良心の痛みを感じないですむのだ。冷静に逆上することなく、動物たる人間を殺すことができる。…

ヨーロッパ人が、人間と動物との境界をずいぶん身勝手なところで設定するのではないかと私が考えたのは、勝手にそう思ったのではない。次のような体験があるからである。

私たちの食事に供された米はビルマの下等米であった。砕米で、しかもひどく臭い米であった…私たちは歯はこわすし、下痢はするし散々な目に遭い、とうとう日本軍司令部に対し英軍へ抗議してくれと申し込んだ。

その結果を聞きに行った小隊長は、やがてカンカンになって帰ってきた。英軍の返答は、「日本軍に支給している米は、当ビルマにおいて、家畜飼料として使用し、なんら害なきものである」であった。それもいやがらせの答えではない。英軍の担当者は真面目に不審そうに、そして真剣にこう答えたそうである。

当時は「有色人種は動物に近い」でした。現在では人種差別感情を持っている人でも「有色人種は自分達と同じではないが人間だ」程度です。動物から人間になったのですから、これは凄い一歩です。月面着陸に相当する、小さいけれど決定的な第一歩です。

しかも、人種差別感情を持たない人や、少ししか持たない人も増えてきています。

白人諸氏は「白色人種が、世界の支配者である」という虚構を信じる能力で、有色人種を家畜同様に使役しても良いと考えていたけれど、今は「有色人種が劣等人種だという説は虚構である」と認識されています。ですから、順当にゆけば、人種差別感情はこれからも白人諸氏の心の中から少しずつ消えてゆくはずですので、白人の目から見て野蛮な行為のデモの際の放火・略奪をして、人種差別感情の減少を止める事は止めた方がいいと思います。

五　二十世紀半ばまでは　弱肉強食の世界だったという《事実》を思い出そう

二十世紀半ばまで、確かに世界の有色人種国家は欧米列強の植民地でした。

しかし、植民地の中には、宗主国とうまく通じて贅沢に暮らした有色人種の富豪もいましたし、欧米諸国にもスラムに住む貧困層の白人もいたのです。

即ち、白人が加害者で有色人種が被害者という図式は成り立ちません。

まず、二十世紀半ばまでの世界史を観るときに前提としなければならないのは、それまでの国際社会は弱肉強食の価値観だったという事です。

これは欧米列強の国内でも同じでした。ですから、欧米でも貧困層は苦しい生活をしていました。十九世紀半ばにはアイルランドでジャガイモ飢饉が起きた時には、餓死を逃れる為に多くの人達がアメリカを目指したのです。

つまり、欧米でも植民地でも虐げられた人達は虐げられていたのです。

このような価値観が変わったのは、二十世紀に入り欧米で人権意識が育ったためです。

第二次大戦後の一九四七年に国連で「世界人権宣言」が採択されてからのことです。

この「人権宣言」によって「人の命の尊さは人種によって変わるものではない。全ての人には生存権がある」という価値観が正しい事とされたのです。この新しい価値観の元で植民地で独立戦争が頻発して、戦後には次々と国家が独立してゆきました。

歴史を振り返れば、「弱者は虐げられるのが当然だ」という弱肉強食の価値観が変わってきたのは、十五世紀～二十世紀にかけて欧米キリスト教文明圏で、宗教革命が発生して、次に市民革命が起り、さらには社会主義思想が広まって、生存権が確立したからです。

その生存権が二十世紀中期以降に全世界で正しい価値観として共有されるようになった為に、弱者を虐げるのは悪業であるという事になったのです。

つまり今の国際社会の中で曲がりなりにも難民保護などが行われているのは、**欧米キリスト教文明圏の一般庶民が、四百年にわたる血で血を洗う争いの中で、勝ち取った権利なのです**。そして今、私たち有色人種はそれにただ乗りしています。

確かに欧米の白人の一部の人は、過去には人種差別を行い有色人種を虐待しました。しかし、有色人種を虐待するのは止めようと呼びかけて、法的平等の世界に導いたのも、また、大体においては欧米キリスト教文明圏の人たちです。そして産業革命をおこして、人類の生活様式を根底から覆したのも欧米キリスト教文明圏の人たちです。

確かに白人の一部は有色人種を虐待しました。今も白人の中には人種差別感情を持っている人がいるのでしょう。しかしだからといって、人類に革命をもたらした彼らの功績が消え去る事はありません。

欧米キリスト教文明圏の人たちはその進歩の過程で、良い事もした。そして現在の価値観で振り返ると罪深い事もした。それは事実なのですが、過去において良い事も悪い事もしたのはどの人種でもどの民族でも同じ事です。その中で欧米キリスト教文明圏の白人種族だけが、過去を糾弾されるのはダブルスタンダードだと、私は考えます。

なぜなら、「過去に同じ事をしても、有色人種は良いが白人はダメだ」と、（有色人種だけでなく）白人自身が考えるという事は、「白人だけは罪深い行為が許されない」即ち「白人は、神に近い完全無欠な存在でなければならない」という、白人優位の思考が根底にあるからこそ確立する、白人の傲慢さが生み出す贖罪意識だと思うからです。

私は、「白人は神に近い完全無欠な存在でなければならない」、とは考えません。

歴史とは過去の事実です。自己正当化の道具にすると、未来の災厄の元になります。過去の事実を見渡せば、有色人種全体が被害者で白色人種全体が加害者という図式は成り立ちません。現在の白人の自虐史観は、過去の事実による歴史ではありません。

そして、少し前までの欧米の歴史観である、白人キリスト教徒が世界に正しい文明をもたらしたという白人の自尊史観も過去の事実による歴史ではありません。

過去の事実は「白人も黒人も、過去によい事もした。罪深い事もした」です。

私は、事実で過去を観て、不必要な恨みの感情を育てないようにすること事が出来れば、人類の未来には余分な紛争や戦争が減ってゆくと思います。

●日本人の幸せ度を世界に

私達日本人の多くは、第二次大戦に対して恨みを抱いていません。これは、父祖から「恨みを晴らしてくれ、復讐してくれ」という重荷を負わされなかったからです。

恨んでいる時・憎んでいる時、人は幸せではありません。だから私達の先人は、子孫に自分達の怒りと憎しみと恨みを伝えなかった。それは、祖父母の父母の、私達への「喜びの中で、幸せになった欲しい」という祈りの気持ちなのだと、私は感じます。

私達は、日本の先人にこんなにも愛されているからこそ、日本に生まれて良かったと感じる人が九十％もいる幸せな国民なのだと思います。

確かに、日本人の日常生活の中には小さな不満が沢山あります。けれどそれでも、日本に生まれた事を悲運と捉える日本人は少ないのですから、幸福な国民です。

ですから私は、「怒りと憎しみで過去の事実を脚色すれば、未来に怒りが満ち溢れて、幸せになれないのだ」ということを、世界に知らせるべきだと思います。

そして日本もまた、戦前の一時期に対して欧米から押し付けられた「自虐史観」から解放されて、「過去の正邪善悪やその人物を良いと思うか悪いと思うかは、歴史物語のジャンルに譲り、過去の事実を歴史とする」本来の日本に戻るべきだと思います、

過去がよかった悪かったと騒ぐことこそが、未来に災厄をもたらすのです。

故に、先人に倣って過去は静かに見つめて、過去の過ちは繰り返さずに、過去の良い事は続けていくことが、日本の先人達への恩返しであり、子孫たちへの慈愛に満ちた義務なのだと、私は思います。

ですから、日本人は、自分達の先人が《事実》をもとに話合いをして解決策を見出して共生を図ると共に、《過去の事実》を歴史として、余分な恨みが社会に充満する事を抑止して滅亡しない国家をつくりあげたという事を理解して、世界に発信すべきだと思うのであります。

おわりに

この書を書き始めてから一年余り、今は二〇二一年八月です。この間世界はコロナウイルスに翻弄され続けました。その中で、奇しくも日本と日本政府の動き方は、「西欧の政治システムの形を真似していても、日本は昔通りの日本である」事を証明しました。

例えば、今の日本の大問題は、毎日2万人以上の感染者が出ている中で、医療体制を拡大できない為に、自宅で放置されたままに亡くなる方が後を絶たない事です。

この状態を解決する為に、八月二十二日のNHK日曜討論で西村担当大臣は、「企業の休業も考慮する」と発言して、政府の対策分科会の尾身会長は「イメージとしては昨年4月の1回目の緊急事態宣言だ。これをやらないと医療の逼迫（ひっぱく）が本当に大変になる」と述べました。

頭痛がします。

昨年の四月には緊急事態宣言で街から人が消えましたが、今も緊急事態宣言下ですが、街は人でいっぱいです。尾身氏が一人で頭の中で昨年四月をイメージした所で、街から人が消えて感染が減少するはずはありません。

国民は、この一年半で「安全対策をして外出するだけならば、まず感染しない」という実体験をしました。だから、現在街から人が消えないのは、政府・自治体が「人流を減らしてくれ」と頼んでも、多くの国民に「アホらしい」と無視されているからです。

また、人流が減らないもう一つの理由は、ワクチンです。

「ワクチンを接種すれば、感染しても重症化しない」と周知されていますから、命の心配がなくなったワクチン接種を終えた半数近くの人達が、街に繰り出すのは人情です。近頃街に四十代五十代が増えているのは　ワクチン接種が進んだせいだと思います。

これらは常識を働かせれば、誰でも達する結論です。つまり、今更人流は減らせません。なのに、西村氏も尾身氏も「なぜ人流が減らないのか?」その理由である国民の思考がまるで読めていないのか、今もって「人流」で解決しようと発言するのです。

優秀な人達のはずなのに、何でこんな錯覚に陥って、まともな対策が取れないのかと不思議ではありますが、それは自分達の「和」の中しか見えていないからかもしれません。

麻生副総理をして「半径二mの男」といわれることがありますが、今日本でコロナ対策に当たっている人達は「半径十mの皆さん」とお見受けします。会議場にいる政治家・医師・専門家・行政官と、記者会見に参加するマスコミ陣など、せいぜい十mの範囲に入る人達しか目に入っていないからです。

そして現在、この「半径十m」の中に医師会の代表は入っていますが、コロナ患者は入っていません。この為に、医師は自分達の「コロナ患者にこれ以上関わり合いになりたくない」と意見を表明する事が出来ますが、コロナ患者は「用意されたベットが足りなくても、入院して医療を受けたい」という意見で医師の意見を押し返す事が出来ません。

本来は自宅で放置されたままに亡くなる方を〇人にしたければ、医療体制を拡大する以外にないのですが、西村氏も尾身氏も、半径十mの内にいる医師達を説得できないようです。だから、「人流・人流」と言っているのかもしれません。つまり、西村氏も尾身氏も「医療界に要望しても、協力してくれる病院を増やせませんでしたので、医療を受けられないままに死にたくなかったら、自分で感染しないで下さい」という意味で、人流といっている可能性もあります。

尚、人口当たりの病床数が世界一なのに、何で日本人のコロナ患者が病院に入院できないのかといえば、多くの医師が「声なき自由意思」になって、関わり合いになりたくないと知らんふりしているからです。この為に極々一部の医師看護師だけがコロナ患者を治療している為に、コロナ病床はすぐ満床になってしまっているのです。

《二月開始の、コロナ患者を治療している医療従事者へのワクチンの先行接種の対象者は四万人で、次の一般医療従事者への優先接種の対象者は四百七十万人でした。日本の医師は三十六万人。看護師は百二十一万人（平成三十年）です》

このように、日本のコロナ患者が医療を十分に受けられない現状は、政府のコロナ対策に当たる人達が、自分達の「和」を保つ為に、コロナ患者を見捨てるのも仕方がないと判断する事と、一般の数知れない医師たちの「声なき自由意思」が原因であります。

この意味では、現状は極めて日本的なのであります。

こんな日本に対して、イギリスでは医療資源を政府主導で中央集権的に使用して、コロナ患者を治療しました。英国在住の作家・黒木亮さんのレポートから引用します。

●「一日の感染者五万人」でも英国が「医療崩壊の心配ゼロ」の理由

二〇二一年八月二二日【ＪＢｐｒｅｓｓ】

ワクチン接種が十分でないところにデルタ株が猛威をふるっている日本の現状は、筆者が住む英国の去年の秋から冬にかけての状況を彷彿させる。

ただ違う点が1つある。英国では医療が崩壊する懸念はほとんどなかった。

■昨年三月に感染ピークの準備を完了

昨年三月十七日、イングランドのＮＨＳ（無料の国営医療サービス）のＣＥＯサイモン・スティーブンス卿は、ＮＨＳの約十万の病床のうち三万床以上をコロナ患者向けに用意するよう全ＮＨＳ病院に命令を発した。

具体的には、四月十五日以降、急を要しない手術を、最低三カ月間延期し（救急治療、がん治療、その他緊急の対応を要するケースは除く）、退院が可能な健康状態の患者は退院させることとした。この命令にもとづき、不急部門の診療科を次々と閉鎖・縮小させ、退院できる患者もどんどん退院させ、三月末までに約十万あった病床のほぼ半分を空けさせた。これにより、ピークだった今年一月のコロナ入院患者数三万四三三六人は十分カバーされた。

一方、医師や看護師の確保も機動的に行われた。スタッフ不足が懸念されたので、これを補うため、三月二十二日には、医療現場を離れていた四千五百人の医師と看護

> 師に復帰に同意してもらい、その後、医学生や看護学生も動員した。免許が切れていた医師や看護師には、特例で更新を認めた。またＮＨＳでは、通常は異動に本人の同意が必要だが、この時は同意は不要とされ、大量のスタッフがコロナ部門に強制的に異動になった。
>
> その後は、コロナ患者の増減によって一般患者数をコントロールしていった。
>
> 毎月末の入院患者数を見ると、ロックダウンの効果が出た昨年七月末にはコロナの入院患者は八百七十人まで減り、一般の入院患者は十万千六十二人まで増えた。
>
> その後、感染拡大でコロナ患者が二万八千百十二人まで増えた今年一月末には、一般患者数を八万三千九百四十七人まで減らし、ワクチンとロックダウンの効果が出た五月末にはコロナ患者数が七百七十三人だったのに対し、一般患者数を十一万千四百八十九人まで増やした。

と、これがリーダーシップ型の欧米のやり方であります。

ボトムアップ方式で「声なき自由意思」が支配する社会の中で、「和」の構築を目的とする日本とは全く違います。日本は、形だけ欧米の真似をしているだけなのです。

例えるならば、日本とは、ラクピーでボールを中に入れてスクラムを組んで押し合いへし合いしているように、外を全く見ずにあっちこっちと動いているのです。だから、結局、どこに行きつくことになるのかさっぱり解らず、「あら、こんなところに来ちゃった」という事もあるのです。

例えば、今年八月一五日タリバンがアフガニスタンの首都を陥落させてから、（多分）日本政府内では「自衛隊機で邦人救出派」と「自衛隊機は出さない派」で、スクラムの押し合いへし合いをしていたと思います。そして、五日は無為に過ぎました。ここで外から何の働きかけもなければ、押し合いへし合いで結論が出ないまま八月末の期限を迎えて、日本だけは日本人と日本の協力者を迎えに行かなかったという事になったかもしれません。しかし、二十日にアメリカが自衛隊に救援機の派遣を要請しているという報道が流れると、二十二日には自衛隊の派遣が決まって、二十三日には一番機が飛び立ちました。

即ち今回は、アメリカ羅針盤の働きで、日本政府の担当者たちが外を全く見ずにスクラムの中で押し合いへし合いしていたら、「ピー！　スクラムといて外をみてください」と警報を発してくれたのでした。それで、戦前のように「あれ？　こんな所に来る気はなかったのに、こんな所に来ちゃった」という事にはならずに、日本は先進国として国際常識の範囲内の行動が出来ました。

しかし、アメリカ羅針盤は内政には使えません。アメリカ人・アメリカ政府は日本文明を理解していないので、アメリカの内政に対する口出しは、大抵の場合的ハズレなのです。（羅針盤＝方向指示器だすので、日本の内部をよくする事は出来ないのです）

ですから日本の内部の改善は、私達日本人が自力でやらねばなりません。そこで私は、半径十mの「和」（或いはスクラム）の中に、一般の有権者がはいらなくなった現状を憂えています。中央の政党本部が、国会議員の公認権を持っている現状を憂えています。

もし今も日本が中選挙区制度で選挙を行っていたら、そして選挙が近いのにこのコロナ騒ぎが起こったら、国会議員は地元に飛んで行って自分の支持者たちの怒りを抑えようと心をつくして、永田町に戻って奔走した事でありましょう。中選挙区ならば、自分の支持者が激怒したら落選してしまうからです。

しかし今、国会議員達は国会が閉会していても平気で、何もしません。「政府のお手並み拝見」「我関知せず」です。こうしていられるのも、党中央に公認さえしてもらえて、党の人気が高ければ当選できるからです。

だから、自公の与党議員は政府に国民の人気が上がる政策をとってくれと要望して、野党議員は政府が失敗する事を願っている訳です。

但し、この国民の人気は、○○選挙区の○○さんではなくて、世論調査です。つまり、結果に対しての評価でしかなく、政治家への要望ではない為に、国民の意見が政策には反映されないのです。簡単に言えば、中選挙区の時には政策決定の「和」の中に、個別の政治家の支持者の意見も入っていたけれど、小選挙区比例代表並立制になった為に政策決定の「和」の中から国民がはじき出されてしまったのです。

これは、戦前に選挙の洗礼を受けずにすむ軍部か政権を取った為に、政策の決定に国民の意見に耳を貸す必要がなくなった事と似ています。時間がたてばたつほどに、より一層同質のものになるでしょう。ですから私は、日本国民は自分達のシステムを理解して、国民の為に政治が動くように、中選挙区に戻すか、立候補者の公認権を政党本部から奪取するなどの行動に出るべきであると考えます。政治の「和」の中の主体が、国民の声なき「自由恣意」であるという、日本が最も平穏でいられる状態に戻すべきだと思います。

それさえできれば、外ではアメリカ羅針盤を大事にし、内では過去の恨みで将来を危険にさらす事のない「和」を守り育てて、日本は末永く住みよい国でいられると思います。

〈著者紹介〉

長谷川 七重（はせがわ ななえ）

1963年、千葉県生まれ。法政大学卒。

幼少の頃より、言葉で表現される事と、自分の周囲の現実が適合していない場合には違和感を覚えていたことから、「自分の日本語は、うまく通じない」という感覚の中で成長していた。

大学では必修だったマルクス経済学をなぞる傍らでノーメンクラツーラ（旧ソ連の「赤い貴族」）や中国の文化大革命の告発本を読んで、やはり世の中には言っていることとやっていることが違う人が多いと実感する。

卒業後、家業の会社経営に参加して現在に至る。

幻冬舎ルネッサンス新書　241

「十七条《じゅうしちじょう》の憲法《けんぽう》」から読《よ》み解《と》く日本文明《にほんぶんめい》（下《げ》）
—日本人《にほんじん》が創《つく》り出《だ》した“日本《にほん》”というシステム—

2021年10月27日　第1刷発行

著　者　　長谷川七重
発行人　　久保田貴幸

発行元　　株式会社 幻冬舎メディアコンサルティング
〒151-0051　東京都渋谷区千駄ヶ谷4-9-7
電話　03-5411-6440（編集）

発売元　　株式会社 幻冬舎
〒151-0051　東京都渋谷区千駄ヶ谷4-9-7
電話　03-5411-6222（営業）

ブックデザイン　田島照久
印刷・製本　　中央精版印刷株式会社

検印廃止

Printed in Japan
ISBN 978-4-344-93616-4　C0295
幻冬舎メディアコンサルティングHP
http://www.gentosha-mc.com/